主编 李天纲

中国国家图书馆藏

民国西学要籍汉译文献·经济学（第五辑）

债票投机史

[英] 摩特蓝（R.H.Mottram）著

伍光建 译

上海社会科学院出版社
Shanghai Academy of Social Sciences Press

图书在版编目(CIP)数据

债票投机史/（英）摩特蓝（Mottram,R.H.）著；伍光建译.
—上海：上海社会科学院出版社，2016
（民国西学要籍汉译文献/李天纲主编．经济学）
ISBN 978-7-5520-1201-9

Ⅰ.①债…　Ⅱ.①摩…②伍…　Ⅲ.①资本市场－历史－日本
Ⅳ.①F831.9

中国版本图书馆CIP数据核字(2016)第046301号

债票投机史

主　　编：李天纲
编　　纂：赵　炬
责任编辑：唐云松
特约编辑：陈宁宁
封面设计：清　风
策　　划：赵　炬
执　　行：取映文化
加工整理：嘎　拉　江　岩　牵　牛　莉　娜
责任校对：笑　然
出版发行：上海社会科学院出版社
　　　　　上海淮海中路622弄7号　电话63875741　邮编200020
　　　　　http://www.sassp.org.cn　E-mail:sassp@sass.org.cn
排　　版：上海永正彩色分色制版有限公司
印　　刷：常熟市人民印刷厂
开　　本：650×900毫米　1/16开
字　　数：230千字
印　　张：21.75
版　　次：2016年4月第1版　2016年4月第1次印刷

ISBN 978-7-5520-1201-9/F.394　　定价：98.00元（精装）

民国西学：中国的百年翻译运动

——『民国西学要籍汉译文献』序

李天纲

继唐代翻译印度佛经之后，二十世纪是中文翻译历史上的第二个高潮时期。来自欧美的『西学』，以巨大的规模涌入中国，参与改变了一个民族的思维方式，这在人类文明史上也是罕见的。域外知识大规模地输入本土，与当地文化交换信息，激发思想，乃至产生新的理论，全球范围也仅仅发生过有数的那么几次。除了唐代中原人用汉语翻译印度思想之外，公元九、十世纪阿拉伯人翻译希腊文化，有一场著名的『百年翻译运动』之外，还有欧洲十四、十五世纪从阿拉伯、希腊、希伯来等『东方』民族的典籍中翻译古代文献，汇入欧洲文化，史称『文艺复兴』。中国知识分子在二十世纪大量翻译欧美『西学』，可以和以上的几次翻译运动相比拟，称之为『中国的百年翻译运动』、『中国的文艺复兴』并不过分。

运动似乎是突如其来，其实早有前奏。梁启超（1873–1929）在《清代学术概论》中说：『自明末徐光启、李之藻等广译算学、天文、水利诸书，为欧籍入中国之始。』利玛窦（Mateo Ricci, 1552–1610）、徐光启、李之藻等人发动的明末清初天主教翻译运动，比清末的『西学』早了二百多年。梁启超有所不知的是：利、徐、李等人不但翻译了天文、历算等『科学』著作，还翻译了诸如亚里士多德《论灵魂》（《灵言蠡勺》）、《形而上学》（《名理探》）等神学、哲学著作。梁启超称明末翻译为『西学东渐』之始是对的，但他说其『范围亦限于天（文）、（历）算』，则误导了他的学生们一百年，直到今天。

从明末到清末的『西学』翻译只是开始，而且断断续续，并不连贯成为一场『运动』。各种原因导致了『西学』的挫折：被明清易代的战火打断；受清初『中国礼仪之争』的影响；欧洲在1773年禁止了耶稣会士的传教活动，以及儒家保守主义思潮在清代的兴起。鸦片战争以后很久，再次翻译『西学』，仍然只在上海和江南地区。从翻译规模来看，以上海为中心的翻译人才、出版机构和发行组织都比明末强大了，影响力却仍然有限。梁启超说：『惟（上海江南）制造局中尚译有科学书二三十种，李善兰、华蘅芳、赵仲涵等任笔受。其人皆学有根底，对于所译之书责任心与兴味皆极浓重，故其成绩略可比明之徐、李。』梁启超对清末翻译的规模估计还是不足，但说『戊戌变法』之前的『西学』翻译只在上海、香港、澳门等地零散从事，影响范围并不及于内地，则是事实。

对明末和清末的『西学』做了简短的回顾之后，我们可以有把握地说：二十世纪的中文翻译，或曰中华民国时期的『西学』，才是称得上有规模的『翻译运动』。也正是在二十世纪的一百年中，数以千计的『汉译名著』成为中国知识分子的必读教材。1905年，清朝废除了科举制，新式高等教育以新建『大学堂』的方式举行，而不是原来尝试的利用『书院』系统改造而成。新建的大学、中学，数理化、文史哲、政经法等等学科，都采用了翻译作品，甚至还有西文原版教材，于是，中国读书人的思想中又多了一种新的标杆，即在『四书五经』之外，还必须要参考一下来自欧美的『西方经典』，甚至到了『言必称希腊、罗马』的程度。

我们在这里说『民国西学』，它的规模超过明末、清末；它的影响遍及沿海、内地；它借助二十世纪的新式教育制度，渗透到中国人的知识体系、价值观念和行为方式中，这些结论虽然都还需要论证，但从一般直觉来看，是可以成立的。中国二十世纪的启蒙运动，以及『现代化』、『世俗化』、『理性化』，都与『民国西学』的翻译介绍直接有关。然而，『民国西学』到底是一个多大的规模？它是一个怎样的体系？它们是以什么方式影响了二十世纪的中国思想？这些问题都还没有得到认真研究，我们并没有一个清晰的认识。还有，哪些著作得到了翻译，哪些译者的影响最大？『西学东渐』的代表，明末有徐光启，清末有严复，那『民国西学』的代表作在哪里？这一系列问题我们并不能明确地回答，原因就在我们对民国翻译出版的西学著作并无一个全程的了解，民国翻译的那些哲学、社会科学、人文学科的『西学』著作，束之高阁，已经好多年。

举例来说，1935年，上海生活书店编辑《全国总书目》，『网罗全国新书店、学术机关、文化团体、图书馆、政府机关、研究学会以及个人私家之出版物约二万种』。就是用这二万种新版图书，生活书店编制了一套全新分类，分为：『总类、哲学、社会科学、宗教、自然科学、文艺、语文学、史地、技术知识』。一瞥之下，这个图书分类法比今天的『人大图书分类法』更仔细，因为翻译介绍的思潮、学说、学科、流派更庞大。尽管并没有统一的『社科规划』和『文化战略』，『民国西学』却在『中国的文艺复兴』运动推动下得到了长足发展。查看《全国总书目》（上海，生活书店，1935），在『社会科学·社会科学一般·社会主义』的子目录下，列有『社会主义概论、社会主义史、科学的社会主义、无政府主义、基尔特社会主义、乌托邦社会主义、基督教社会主义、议会派社会主义』等；在『社会科学·政治·政体政制』的子目录下，列有『政治制度概论、政治制度史、宪政、民主制、独裁制、联邦制、各种政制评述、各国政制、中国政制、现代政制、中国政制史』等，翻译、研究和出版，真的是与欧美接榫，与世界同步。1911年以后的38年的『民国西学』为二十世纪中国学术打下了扎实的基础，而我们却长期忽视，不作接续。

编辑出版一套『民国西学要籍汉译文献』，把中华民国在大陆38年期间翻译的社会科学和人文学科著作重新刊印，对于我们估计、认识和研究『中国的百年翻译运动』、『中国的文艺复兴』，接续当时学统，无疑是有着重要的意义。1980年代初，上海、北京的学术界以朱维铮、庞朴先生为代表，编辑『中国文化史丛书』，一个宗旨便是要接续1930年代商务印书馆王云五主编『中国文化史丛书』，重振旗鼓，『整理国故』，先是恢复，然后才谈得上去超越。遗憾的是，最近三十年的『西学』研究却似乎没有采取『接续』民国传统的方法来做，我们急急乎又引进了许多新理论，诸如控制论、信息论、系统论……还有『老三论』、『新三论』、『后现代』、『后殖民』等等新理论，对『民国西学』弃之如敝屣，避之唯恐不及。

民国时期确实没有突出的翻译人物，我们是指像严复那样的学者，单靠『严译八种』的稿酬就能成为商务印书馆大股东，还受邀请担任多间大学的校长，几份报刊的主笔。但是，像王造时（1903–1971）先生那样在『西学』翻译领域做出重要贡献，然后借此『西学』，主编报刊、杂志，在『反独裁』、『争民主』和『抗战救国』等舆论中取得重大影响的人物也不在少数。王造时的翻译作品有黑格尔的《历史哲学》、摩瓦特的《近代欧洲外交史》、《现代欧洲外交史》、拉铁耐的《美国外交政策史》、拉斯基的《国家的理论与实际》、《民主政治在危机中》。1931年，王先生曾担任光华大学教授，文学院长，政治系主任，后来创办了《主张与批评》（1932）、《自由言论》（1933），组织『中国民权保障同盟』（1932）。他在上海舆论界发表宪政、法治、理性的自由主义；他在大学课堂上讲授的则是英国费边社社会主义、工联主义和公有化理论（见王造时著《荒谬集·我们的根本主张》，1935，上海，自由言论社）。非常可惜的是，王造时先生这样复杂、混合而理想主义的政治学理论和实践，在最近三十年的社会科学、人文学科中并无讨论，原因显然是与大家不读，读不到，没有再版其作品有关。

我们说，『民国西学』本来是一个相当完备的知识体系，在经历了一个巨大的『断裂』之后，学者并没有好好地反省一下，哪些可以继承和发展，哪些应该批判和扬弃。民国时期好多重要的翻译著作，我们都没有再去翻看，认真比较，仔细理解。『改革、开放』以后，又一次『西学东渐』，大家只是急着去寻找更加新颖的『西学』，用新的取代旧的，从尼采、弗洛伊德……到福柯、德里达……就如同东北谚语讽刺的那样：『熊瞎子掰包谷，掰一个丢一个。』中国学者在『西学』武库中寻找更新式的装备，在层出不穷的『西学』面前特别害怕落伍。这种心态里有一个幻觉：更新的理论，意味着更确定的真理，因而也能更有效地在中国使用，或者借用，来解决中国的问题。这种实用主义的『西学观』，其实是一种懒惰、被动和浮躁的短视见解，不能积累起一个稍微深厚一点的现代文化。

讨论二十世纪的『西学』，一般是以五四『新青年』来代表，这其实相当偏颇。胡适、陈独秀等人固然在介绍和推广『西学』，倡导『启蒙』时居功至伟，但是『新文化运动』造成不断求新的风气，也使得这一派的『西学』浅尝辄止，比较肤浅，有些做法甚至不能代表『民国西学』。胡适先生回忆他们举办的《新青年》杂志，有一个宗旨是要『输入学理』，即翻译介绍欧洲的社会科学、人文学科知识，他还大致理了一个系统，说『我们的《新青年》杂志，便曾经发行过一期「易卜生专号」，专门介绍这位挪威大戏剧家易卜生，在这期上我写了首篇专论叫《易卜生主义》。《新青年》也曾出过一期「马克思专号」。另一个《新教育月刊》也曾出过一期「杜威专号」。至于对无政府主义、社会主义、共产主义、日耳曼意识形态、盎格鲁·萨克逊思想体系和法兰西哲学等等的输入，也就习以为常了。』（唐德刚编译：《胡适口述自传》，北京，华文出版社，1992年，第191页）。胡适晚年清理的这个翻译目录，就是那一代青年不断寻找『真理』的轨迹。三四十年间，他们从一般的人性论学说，到无政府主义、社会主义、马克思主义；从不列颠宪政学说，到法兰西暴力革命理论、德意志国家主义思想，再到英格兰自由主义主张，大致就是『输入学理』运动中的全部『西学』。

胡适一语道破地说：『这些新观念、新理论之输入，基本上为的是帮助解决我们今日所面临的实际问题。」胡适并不认为这种『活学活用』、『急用先学』的做法有什么不妥。相反，二十世纪中国知识分子接受『西学』的方法论，大多认为翻译为了『救国』，如同进口最新版本的克虏伯大炮能打胜仗，这就是『天经地义』。今天看来，这其实是一种庸俗意义的『实用主义』，是生吞活剥，不加消化，头痛医头，脚痛医脚的简单思维，或曰：是『夺他人之酒杯，浇自己之块垒』。从我们收集整理『民国西学要籍汉译文献』的情况来看，『民国西学』是一个比北大『启蒙西学』更加完整的知识体系。换句话说，我们认为『五四运动』及其启蒙大众的『西学』并不能够代表二十世纪中国西学翻译运动的全部面貌，在北大的『启蒙西学』之外，还有上海出版界翻译介绍的『民国西学』。或许我们应该把『启蒙西学』纳入『民国西学』体系，『中国的百年翻译运动』才能得到更好的理解。

我们认为：中国二十世纪的西学翻译运动，为汉语世界增加了巨量的知识内容，引进了不同的思维方式，激发了更大的想象空间，这种跨文化交流引起的触动作用才是最为重要的。二十世纪的中国文化变得不古不今，不中不西，并非简单的外来『冲击』所致，而是由形形色色的不同因素综合而成。外来思想中包含的进步观点、立场、方案、主张、主义……具有普世主义的参考价值，但都要在理解、消化、吸收后才能成为汉语语境的一部分，才会有更好的发挥。在这一方面，明末徐光启有一个口号可以参考，那便是『欲求超胜，必须会通；会通之前，必先翻译』。反过来说，『翻译』的目的，是为了中西文化之间的融会贯通，而非搬用；『会通』的目的，不是为了把新旧思想调和成良莠不分，而是一种创新——『超胜』出一种属于全人类的新文明。二十世纪的『民国西学』，是人类新文明的一个环节，值得我们捡起来，重头到底地细细阅读，好好思考。上海社会科学院出版社邀我主编『民国西学要籍汉译文献』，献弁言于此，是为序。

2016年3月20日，于阳光新景寓所

[英]摩特藍（R.H.Mottram）著　伍光建　譯

債票投機史

中華民國二十五年七月初版

原序

凡是希望在我這本書裏頭找巧妙的投機手段，却要大失所望的。我所用的「債票投機」四個字是用廣義，意在把人類容智的一宗廣播本能介紹於有意研究這種事業的讀者，並不是討論淺窄的專門職業。所以我很少嘗試從曾經多人研究過的記載中，擷取諸多新結論。作者曾在現存的或向來所有過的諸多最重大的機器之一之內，有過二十七年的閱歷，這許多機器是專爲保存和分配以債票作代表的財富而設的。我就在二十七年的閱歷中考慮更有名的著作家關於這個問題的諸多見解。作者相信這樣的一部機器，一面誠然是能夠受重新整頓，一定宜於改良；一面却不能有任何再進步的發展。作者並且相信，這部機器既受上文所說的兩層限制，今日却預備供世人以多帶睿智的運用，人們的才力正宜在一個有無限可能的新時代的開端，機器是預備好啦。

所以我這本歷史的用意居多在乎短簡和啓發，不甚在乎幽深和探求結論，我這本書有許多短缺之處，我却希望並無最不良的固執己見，就是說並不固執經濟學的終極結論。

廖特藍

提要

此是一位有過二十七年閱歷的摩特藍（R. H. Mottram）所著，專論各國各種債票股票投機事業，世界各重大債票證劵交易所所經過的危機，所以發生危機的原因，事後怎麼補救的方法，自古時以至於今日爲止，對於歐戰後各種市面情形，尤爲詳盡。至於投機兩字是用最廣義而言，此是理財家不可不讀之書。

此書刊於一九二九年十一月，共分六章，第一章研究怎樣才叫作投機事業，第二章討論古時所謂投機，（譯者因此兩章與近代投機太過不同，無實用價值，故此删去。）第三章論第十八世紀以來的近代投機事業，第四章論投機事業興旺時代，第五章論一九一四年以前情形，第六章論一九一四年以至於今日的情形，尤其可以令我國理財家發深省。

債票投機史　目次

原序
提要
第三章　「信用是疑心睡着了」……一
第四章　黄金時代……九一
第五章　烏托邦有限公司……一六九
第六章　契約的性質……二三一

第三章 『信用是疑心睡着了』

債劵投機事業，即謂正當的財政投機，同貨物的投機，或生金生銀的投機有別，雖已有這種古老和不適用的手續預備，卻起自第十八世紀初年。我們已經曉得這時候有錢幣作普通的價値標準。這種錢幣是可以交易的，可以移交的，不是向來權量所能辨到的。這時候已經有紙幣，登明在某某種條件之下答應付款。這種紙幣自然要有能兌現性，卻亦有不能兌換的疑點，自然而然都到了金店(是當時的銀行——譯者註)手裏，因爲惟有他們能夠作這樣買賣。當時已有『流水現款』和『銀行』名稱，但是都是隱語，只有極其專門名家的人才曉得。債票投機實在是起自英法兩國破產，英國是在一六九四年法國是在一七一四年不能不借債啦。只要君主有神聖不可侵犯的權力，這句話仍然行得通的時候，國家的錢就是君主的錢，沒得什麼分別的。君主欠了許多債，若是高興還的話，就有大臣們用舊法也罷用不害民害國的法也罷，只好收錢替君主還債。我們試讀皮普斯（Pepys）的日記，就曉得當日很費事才能支給海軍經費。當時是用募兵制，卻逐漸變作常備軍制了，養軍的費用亦是難以籌給的；海陸軍費之外，還要籌給日見其加增的文官薪俸。斯圖亞特（Stuanr）朝的幾個君主用強硬手段搶金鋪的錢，作者不必再說幾件事啦。法國的路易第十四籌款的方法也是一樣的強橫。作者所要著重的要點，就是當現款交易的時候，幾乎並無投機之事。有將來的無定，欠債，折扣等事才有投機事業發生。

我們一入手討論這件事，眼前就有兩個大人物。一位是羅約翰（John Law），一位是窩爾坡爾（Walhole）——羅約翰是蘇格蘭人，是一個很有天才的人，是個夢想家，是個學者，也許是個瘋子，誠然是一個賭棍，窩爾坡爾是英國人，是一個勇往前進的小鄉紳，却有行賄和救國的才具，這兩個人很能代表這兩國。

一入第十八世紀，凡是不偏的觀察家都能夠曉得這兩個人之中，那一個有較爲發異彩的前程。法國正在當歐洲的領袖，瑞典已經退讓，西班牙在那裏苟安，英國受了五十年的愁困，才起首抬頭。荷蘭始終不能坐第一把交椅，有人舉出許多理由，也許因爲國小，難以同西班牙，法國，最後同英國，爭雄，或因前受亞爾伐（Alva）的壓制，後受路易第十四的奢望所苦，其間時候太短，不夠休養生息，在海上又受英國所攻擊，也許因爲荷蘭人心的習慣，故此永不能在世界稱雄。說到航海，荷蘭往往是第一，較多得早年地中海諸邦的好探險好投機的重大市邑的遺傳，但是在美洲和印度，最後在非洲和澳洲，荷蘭的功業都被後來操英語的文化所蓋過。荷蘭所取得的第一把交椅，却並不由於宗教的專制，與葡萄牙不同，他所取得的第二位，却能竭力維持，試觀此次歐洲大戰之後　全球的善後，債票交易市包括倫敦，紐約，巴黎，阿木斯特丹（Amsterdam）。荷蘭的金幣自由的傳統政策，惟有英國可以同她比，然而荷蘭總是坐第二位，我們追溯投機事業發展的源流，並不在阿木斯特丹的歷史裏，也不在該處的銀行和海運的組織裏。

法國雖然稱雄一時，常過發異彩的領袖。却不能保守她的地位，法國的倫巴底（Lanbardy）街，不能永作世界的債票交易所如同英國的倫巴底街（財界所在之地——譯者註）。法國的人丁雖較多，功業雖然較爲驚人，命運却不甚好，往往不過得力於天才，被牢不可破和不能適用所阻礙，爲大人物所制，不然則爲過於邏輯的思想所制，所以我們要在倫敦溯源。

一六九七年『倫敦債票交易所』變作法立的機關。這句話並不是說以前未有買賣債票的事，因爲前此已有買賣東印度公司債票的事，一六九六年曾發過短期國庫劵。我們於是見得惟政府借債才把債票投機事業變作神聖不可侵犯的事，債票交易所的實現產生，很表示英國人的國性。設立的時候，並不熱鬧，無開端的條件，並非出於用心籌劃的。債票販家們很令人討厭：國立交易所原是爲別的交易而設的，他們却跑進來騷擾，因承認他們，而定的法律，意在限制和管理他們的。那時候有一間屋子是專辦保水險的，也更是偶然設立的，刊發報告單，不久却不發了。

自從爲他們立法之日起，他們的品格，是很不令人歆羡的。有一部分理由，是因爲衆人不甚看得起放債的人，尤其看不起借債給君主的人；一部分因爲他們的手段不名譽，旣是最早用的又是最卑劣的手段，這種手段，大多數是造謠言。凡是正當用國立交易所的人，很不喜歡他們一。六九八年他們就決定不在這裏辦事，搬到交易巷，免得被人看不起。這一帶地方就是他們辦事的所在，有擺一張寫字桌的，有擺攤的，也有在咖啡店裏頭辦事的。他們羣聚在這個新地方，也還被人討厭，於是想到要把債票販客們關回去國立交易所，因為在這裏他們還多少受點監督。每個販客都要具結說明不再在交易巷聚集，一直到第十九世紀還是這樣的限制他們，其實具了結，也不過是具文。販家所以能存在，所以不受節制，卻有理由，因為維廉第三登位之後，社會改變，不能不用這班人。英國若要抵抗法國，必要借債，新發行的債票跌價，必要找市面，債票販家們雖有許多不對的地方，有時收買望漲，有時出賣望跌。

當時所以必要這種人，自然就不能關他們出交易所，當中古時代的英國，衆人聚會的地方不是教堂就是客店，這時候剛好發生一種客店。那時候的咖啡店就很有寓言的兩印度的空氣，隨處都是暴發戶的光景，中古時代的人是兩眼看天的，到了第十八世紀，人們的兩脚却陷在泥裹，販家們反省他們的地位，也是公道的。猶太人在西班牙被逐到荷蘭，有許多跟隨維廉到了英國；這一部分的猶太人却還不能忘記受窘逐的事。他們手上所抓的材料，就是國債，倘若維廉是一個言行相符的人，他就是許多年來第一個說話算數的人。當最早發行國庫劵的時候，就作了許多異常騙詐的事，所以毋論怎樣考慮，我們総不能怪這一羣新來的人，並不反對用多少誠實手段發幾個錢的財。法典裹頭原有許多零碎和久已不行的專利特權，今日可以用作各種計劃的根基，況且這時候的風氣很好賭，許多這樣的潛力聯合起來就發起善舉的團體，或借錢公司，他們的章程上有「窮人的需要，有押當鋪的不名譽舉動，有極其純粹的善舉，和五厘息的辦法，都混在一起。」於是招得五十萬鎊，後來因爲發生恐慌，查考情形，才曉得其中有人用最惡劣的手段，吞了鉅款，只有三萬鎊是有着落的。當時的記載還說及織布公司，製硝公司，和其他公司，凡不是政府發起的，就算東印度公司是最重要的，其次就是哈得孫海灣（Hudson Bay）公司。在彼一方面，有不信實的特准的開礦公司等等，並非為招股而發，却為保護一種保險公司而設，發展為「王室交易所保險公司」，又有一個勁敵公司，變作倫敦保險公司，他們招股的帳目，有影印的一頁附在本書裏，還是帕忒孫（Patuson）的命運不好的德利英（Darien）公司的帳本內的一頁，這個公司原要開鑿巴拿瑪（Panama）的。

「倫敦債票交易所」的所能用的投機機器，就是這樣（那時候只稱交易巷的債票販家），當這個交易所闖進第一次大危機的時候就是這樣。說到這個交易所的性質，所有的意思和許多詳細辦法，都是從法國抄來的，羅約翰的密士失必計劃（Missisippi Scheme）正在法國通行得很熱鬧，從表面上看來，羅約翰是債票投機的鼻祖，似乎與英國銀行的發起人帕忒孫同是一樣路數的人，我們可以稱帕忒孫是投機事業的岳父，稱窩爾坡爾是投機事業的教員。他也是生長在蘇格闌，也有多少克勒特(Celtic)族的血統及氣候，不獨是高原(Hijh lamd)所有，凡是在特稜特河(Trent)以北的都有，這種氣候很能免人懈惰。

羅約翰發現異常的活潑，這就是多少種理由之一。歷史評論這個人其說不一，有說他是一個賭棍的，有說他是一個投機家，還有說他是一個騙子的。毋論我們怎樣批評他，却不能不說他是一個有絕大氣魄的人，又是一個慷慨人，他不獨能任勞苦，非我們所能及；當他拿算學和財政的大計劃作消遣的時候，他每日還能遊戲若干點鐘如是者多年，他人是辦不到的。要每日用若干時候去研究或設法，原是他的野性送他出來辦大事的。他的親戚都是很好的，他母親那一方面是貴族，是坎柏爾(Campbell)氏人，他的父親是開金店的，辦當日所謂銀行的事業。他生長在安樂家庭裏，受過當日所能得的好教育，他最喜歡代數，他很喜歡賭錢，到了倫敦，他的相貌和儀表都很好，談吐又好，胆子又極大，居然進了宮廷的社會。當一六九四年，他的謙遜却被爲可敬的同國（殆指帕忒孫——譯者註）正在發起英國銀行的時候，這位少年羅約翰同人決鬭，打死了人，被捕審實，定了死罪，他却上控，行賄，又遇着好運氣，居然逃到大陸，這件事究竟有幾成是由於賄賂，有幾成是由於好運氣，我們却絕不能曉得準確的了。他這時候是二十三歲，好像是一蹶不能復振的了。

這時候法國欠了非常之多的債。這都是由於打仗，建築宮殿，和宮廷裏不相干的事浪費太多入不敷出，毋論怎樣接近改變苛征的方法，也不能使出入相抵，這時候英法兩國爭殖民地，與我們這本書的主題最有要緊關係，因爲當第十八世紀初年，原是這兩國的競爭，使西歐和世界上兩個大國的經濟萌芽發展的。法國也同英國一樣，一到了一定的地位，毋論好言相勸，惡言恐嚇，重利借貸，抽籤彩票，都不能有什麼進步啦，惟有一法能行，就是由君主把所欠的債都充了公，但是法國所用的手段，還不如英國那麼霸道。其實法國的新攝政已於最早的會議中，很鄭重的考慮宣布國家破產，那時候羅約翰已經同攝政有很堅固的交情啦。於是派委員團考查，後來歸併成一筆大債，約合一萬二千萬鎊，用幾種特別的收入作存備金發債票，四厘利息，又有一筆約合二千萬鎊，只好發行今日所謂短期庫券（或三個月六個月九個月十二個月歸還——譯者註），利息只是四厘，却無任何稅收作抵。毋論怎樣，並無的款可給利息；雖說是籌款的方法，並無英國斯圖亞特朝君主們那樣野蠻，效果却是一樣的，有借無還，即使借重君主有神聖之權，亦說不過去。

那時候法國的情形實在是困難，前途是很不堪設想，羅約翰在這樣的空氣中，却像如魚得水。他究竟是否有理財的超越自然的本事，他究竟是否不過是胆大和無法可想，我們大約是永遠不能知道，永遠不能體會的了。他的確切舉動亦有相同的神秘包圍。自從他越獄逃出英國那一天起，以至於一七一六年他在法國幾乎未做到財政監理官那一天止爲，中間他幹些什麽事，今日尚有各種記載。他好像得了兩種名聲，一種是擺極其宏麗的架子，一種是經濟學的毫不講情的經濟學小著作。在二十世紀看來，這兩件事是互相破壞，不能立容的，但是在第十八世紀初年，却不然，好像這兩件事是相得益彰的。

有二十年間羅約翰的歷史是很暗晦的，我們所曉得的都不過是謠傳的話。我們可以相信的就是他到過阿木斯特丹，(Amstudam)到過佛羅稜薩(Florence)曾研究過當日外國銀行的組織，一面賭錢，大約毋論什麽時候，他想回去蘇格蘭都可以辦得到，一七〇〇年，曾爲蘇格蘭刊行幾本短著作，一種叫作「設立商務局條陳』，一七〇五年刊行的是『錢幣和商務論』。他這個人在最高等和在最下等的地方，都受歡迎，在最高貴的貴族中也受歡迎，他身邊還有十萬金鎊，但是他只要一呈請各內閣或議院，甘爲他們效勞，他們都不肯請教他，還奉了警察長的示意，請他離開各都城，不許逗留，他的諸多投機的事業，有起有落，大約由於當日的政治上的陰謀，因爲這時候只有一種人能夠在法國得利——只有包辦稅款的人能夠得利益：這一班人自然最恨的是羅約翰這樣的人，因爲他能夠看出他們的弊端，後來羅約翰居然得了君主批准，在家裏設立銀行，大部分資本是他自己的，君主准他請他人投資，湊成三十萬鎊資本。這一間銀行所辦的事，是便利巴黎與各省間的匯兌，增加錢幣的流通，攻擊重利盤剝（就是這一層感動君主批准的），勸誘法國人民納稅。

那時候世人還是把金銀藏在身邊或藏在與己相離不遠的地方，若遇有人來搶劫，不怕自己拔刀和僕人們拔刀，保護他身邊的財產，羅約翰居然設立銀行，原是極其維新的一件事。這間銀行的資本分作一千二百股，每股二百五十鎊，每年開常會兩次，股友按照所執股値投票，辦事員的事權是有限制的，都要担保，規定本銀行目的，居然預備每半年總算帳一次，章程裏頭有一條說明，凡是存款，即使是外國人的，毋論怎樣，都不能充公；這一條却合於當日的時勢，他所定的章程，與第二十世紀的銀行章程，有令人驚訝的相同，最後還加了這一條，我們就很能窺見第十八世紀的心理。他的銀行奉准發行鈔票（按存款之數發行），有一條章程是印在鈔票上的，說道，按照簽字日期的錢幣成色分量，照給現錢，這樣一來就打倒那個破產財部特爲減低錢幣的成色分量，這是國人所最恨的財部所犯的罪惡。若羅約翰的議論，好像是發行多少鈔票，就有多少現款備抵的，但是最重要的一點就是他同政府說好，這普通銀行

（羅約翰的銀行的名稱）的鈔票可以納稅，國家要照收，這間銀行立刻就發達起來。鈔票居然漲價，對外匯兌事業都喜歡在巴黎辦，一七一七年十二月普通銀行開常會，攝政主席，宣布分給利息一分五厘，半年的一部分利息立刻照給。

羅約翰的辦法的好處，得了種種證實啦，這是不是為奇的事。他有許多短處，我們却不能不承認，但是他的腦力和他的辦事才能趕過時人頭裏幾百年，這也是我們不能不承認的事實，他還看得很清楚，一個廣大的滿爾帝國有常備軍，有海軍，是不能用現款往來的，先要把金銀蓄積都夠用的時候，才送出去，太過就擱時候，絕不能這樣辦的，況且遠道貿易，需款甚多，生金生銀還不夠用。信用的時機到了，羅約翰却曉得最明白，信用不過是感情。一旦失了信用，毋論多少存備金也是不夠的；毋論怎樣最維新的人，心理也還時時刻刻有窖藏現金的本能，是金子所不能消除的，一定要等到人人都覺得金子不過是一個符號，人人都是這樣感覺，那嗎才不窖藏。我們愈研究這件事愈覺得要相信羅約翰對於有發生的投機，具有一種極其專門的天才，此外他的心思的另有一方面，是一個以賭爲業的人的心理所有的。有許多人說羅約翰是一個騙子，凡是不能明白他的許多計劃和不曉得怎樣施行他的諸計多劃的人，尤其罵他是騙子，這班人却利用他的計劃，純粹的自私自利，我們不必同他們一樣，說他是個騙子，却可以窺見他是絕對逃不了他的命運，毋論什麽人，都不能趕過當時的人的頭，趕過那麽遠的，中人的性質他都沒有。他身受的第一件不能挽回的大禍，就是他不能不用巴結得來的君主的好意的直接效果，他要用許多巴結手段，才能夠取得特權和其他利益，不然的話，他的銀行是辦不動的。

他曾招集股東們的半年期會議，宣布發給利息之後，不久就得到示意，君主要把他的銀行拿過來，改稱王家銀行，將資本奉還股東，用他的銀行所發行的鈔票，維持鈔票的能兌換性，一如那時候所担保的。羅約翰毋論怎樣的受了攝政這樣直接改變他對於他的見解（殆指攝政從前不以羅約翰爲然，現在却很以爲然——譯者註）的恭維，也毋論改組之後羅約翰在這新銀行所得的地位如同一位總經理，他却很明白這一改組，必定惹禍的，他於是盡他的胆子所敢辦到的程度，反對這個新辦法，反對頗久。他的銀行所以發達，原靠許多原則，現在改組，却盡反背這許多原則，他的信用原以眞正的需要和小心謹愼的支配作基礎的，現在却拿君主作基礎，那時候原是絕對的獨裁判；因爲無遠見及橫行霸道的經濟上的錯誤，君主的信用，早已失丟了。一改組之後，不過聲明鈔票可以兌換銀幣，並無担保兌換的規定條文，又逐漸進行過額的發行鈔票，當市面很熱鬧的時候，無人覺得溢額；這就證明羅約翰的先見之明。羅約翰更覺得着急，因爲數月之前他奉到批准招股設立西印度公司，這就是密士失必(Miissisippi)公司的基礎（其初是一個開闢公司，開闢法國君主的殖民地，美國的路易斯爾那省(Stats of Lonisiana)仍存其名）。當日發賣股票原欲吸收欠付利息的跌價庫劵，他是這個新公司的首席，他的名字很有點魔術，這種不值錢的庫劵，居然不久就漲價，過於原值。

我們到了這一點，就不能準確的分出羅約翰心裹是怎樣的盤算。他也許覺得君主權力推廣到他的銀行，其實就是把這個極大的組織，從他手上奪過來；他也許他的聰明足以使他見到，對於發出的鈔票既失信實，就是必不能免的結局的先聲；他佔了許多大臣們的面子，自然是招他們的痛恨；又有幾位包辦國稅的人，嘗試發起一個與他爲敵的公司，同他競爭，却失敗無成，等到他自己要朋友幫忙的時候，可靠的朋友自然不多。我們又曉得他發過幾次神經錯亂的病，這亦可以證明，凡人都有自相矛盾的性情，羅約翰亦在所不免，他有一部分的性情是一個冒險投機家，決鬥家，逃犯，亂賭家，這一部分，打勝他的代數學家，經濟家，組織家，政治家，他的命運現在起首走得很快，規模又很大，當磋商改組銀行的時候，印度公司把烟草專賣拿過來，不久可把塞內加爾(Senegal)公司拿過來，最後又把在東印度，中國，和南洋（太平洋）的特准權利，都拿來。此外還加上管理造幣廠，包辦稅務，管理全數的稅收，法國就是這樣連帶殖民帝國，打成一片，作為一個極大的貿易團體，資本分作六十萬股。第一次發二十萬股，每股二十五鎊（即五百個利華），但是因為後來又得了許多專利事業，每股收五百五十利華（用現錢買），一千利華，最後每股收到五千利華。因為攝政能夠先定大宗股票，市上股票就變作不多。那時候又宣布每股給利息二百利華，今日還有核算在，算得出當時可以分到這樣大的利息。但是當時的心理飛得更高，高過任何合理的核算。這是根據於全數殖民地的營業的迷人眼目的魔術，雖然這種營業已有百年，這種迷人術還是很有力量的；我們又可以相等的相信各部分的人民覺得忽然而來和一向所未有的如釋重負，因爲用紙幣代損失價值的錢幣，是改良國幣流通，且相信執有債票的人，當睡着的時候債票就會起價，就會發財，這是向來未有過的新感覺，這是我們不能再得着的新感覺，假令能之，可惜已經被好幾頁的痛苦歷史所蹧蹋了。有更多理由可以自慶的，還是國主，多過他的百姓們，因爲在體制如法國這樣的國裏，羅約翰必定要經過攝政的手，然後能夠得到發起專利管業所必要的種種特別權利，惟有這一層是很要要點手段的，凡是宏大的投機事業，都是要的，在這個古老世界，勁敵既如是其少，可如是其無能力，却更要用這種手段。

每一舉動都是君主發財，一起首是得了民情的忽然愛戴，以至於償還負累甚重的國債。民情當市面蕭條，賦稅煩重的時候，是易於怪責政府的，當市面興旺，賦稅輕鬆的時候，是很聽話，很樂輸的。況且君主所執的是四十萬股，是全數資本三分之二，倘若不賣出，專吃利錢，或賣出所得的利益，卽使是專制的君主的空幻的夢想，亦是夢不到的。此處還有批准每一項專利營業所得的報效或稅收（因爲烟草專賣多交十萬鎊的報效，因爲包辦稅務又加十七萬五千鎊），又濫用紙幣，況且有了許多紙幣，就有權可以借債，借得很容易，法國從前已經鬧到不能不發行不能兌現的庫劵，一發行立刻就跌價，又要取不能發給的利息，只好減輕錢幣的成色和重量，人民只好忍受着被人痛恨和騙人的害人的收稅官的暴斂，羅約翰的事功，就是這樣的發動和反動。國庫的新而向來未所見過的情形，在收回銀行自辦和密士失必公司創辦之後十二個多月，竟能豁免五千二百萬利華的稅和消滅了三千五百萬利華的稅，因爲解放了這許多款子，市面的銀根很鬆，因爲無人借錢，重利放債的人破產，貿易很興旺，出外謀生的人都回國，工作很多，有人說有三十多萬外國人（並不是常住的）都跑來巴黎，他們自己就創造一種新實業，就是相應的運輸食住營業的刺激。

這就是一七一九年底至一七二〇年的情形，大約就是在這個時候那些陰謀家，抄襲巴黎的辦法，在倫敦灌南洋公司的氣泡，我們曉得有注銷債務的空氣；英國受過特准的殖民地公司似乎也是給衆人以相同的可能性，英法兩國仍然是從前一樣的競爭，駐巴黎的英國大使看見羅約翰這樣的得君心民心，又有這樣大權力，就變作極其害怕，看見法國忽然又變富強，很懷憂慮，他就盡力毀謗他，以爲他所創造的許多事業都是有害於他所代表的國。他這樣努力却反自受其害。有人以爲當時的英國太子（其後就是佐治第二）與密士失必公司有關係，一如其後與英國的南洋公司發生關係。英國也有相似的嘗試，却是試辦的，成效不佳。英國銀行曾經過一次嚴重的危機，英國銀行並不爲倫敦的個人銀行所喜，亦如羅約翰之不爲他所打退的包辦稅務的人所歡迎；英國還把這件事拉來作政黨相爭的利器，羅約翰的計劃却未關到這個程度。這件事還發生一種反動，即謂一個死而復活和精力復原的法國，顯然可以有供應和資藉，甚至於有引誘，以推翻新造而立足尚未穩的朝代。這時候羅約翰如是其有勢力，英國政府如是其無能，又如是其貪，與此小心謹愼，不如摹倣。英國於是撤換大使，另派一個同羅約翰相處得來的人。這時候，毋論什麽投機的元素都有了。發行的股票，不獨本國人可以買，外國人也可以買，顯然是新創一種新買賣方法。於是發生一種新路數的人，操縱他們所握的新權利。專賣已經得到手，就能使手段啦。這時候巴黎簡直的是發瘋啦，這時候所演的戲羅，約翰並非是其中的惡人，只有他一個人的行爲是莊嚴的，是有節制的，也許此外還有六七位貴族，聖西門(St. Simon和洛士佛科De la Rochefoncanld)兩位，皆在其內。當羅約翰的私宅被衆人包圍的時候，最闊的人也有，最下級的人也有，他絕不忘記分別款待，對熟朋友表示交情，對同國而不認得的人表示鄉誼。當他晚上睡不着的時候，醫士很怕他會得神經病，到了白天，他却絕不避規推諉他所應辦的事；他兩肩所担負的責成，可謂異常重大，他却並無任何不正當的行爲。他既不行賄以推進他的計劃，亦不假造帳目：破壞鈔票的兌現性質並不是他。也許他是好攬權；他也許同別的蘇格蘭人一樣，很以自己的理想，自鳴得意，很急於勉強實行。他却並不是爲己而貪財，假使他果眞貪財，他却無錢。

有一件事却會擾動他家庭的最密切的關係，當他被法國派爲法國財政總監理官的時候，却有一條件，要他奉天主教。一七一九年十二月，他和他的子女在麥朗(Melun)大教堂，當衆備受歡迎，他的夫人不肯陪他去，很愁苦。他一奉了天主教之後，法國民情之愛戴他，到了極點，法國人此時當他是救法國者，他的重要，不亞於君主和攝政。他的慈善事業局面的偉大，亦不亞於君主。他把豁免賦稅變作可能，勸攝政批准，這種大氣魄的舉動，也不亞於君主。他於是被舉爲學院的學士，享受本國都市的特別利益，還談到封他法國的五等爵。

但是那時候的中等人家却表現當時的極其非常的朕兆，債票經紀是整個的一件新事業；既無章程，又無籌備。金昆坡（Ruinqhempoin）街的地面並不寬敞，簡直的整個不合於這時候買賣債票之用，每間房子的前面，每間舖面，起首索重價出租；有一個補鞋匠，一向是在某銀行的牆脚擺補鞋攤子的，這時候得了竅，租給太太們出來看熱鬧的。這樣從來未聽見過的經濟發展所產生的新情形，就鬧出一件事來。有一個法蘭德斯(Flanders)的貴族，和輪(Horn)伯爵，殺死一個很富的債票經紀，政府不能不注意這件事。這個殺人的兇犯，是很有闊親戚的；那時候的法國政府自然是要袒護他，對待富人是用一種法律，對待貧人用另一種法律，他原可以漏網逍遙法外的，但是羅約翰不答應，挺身干預，必定要懲一警百，這就是一個憑據，證明羅約翰的眼光，與全數並世的人不同。他很曉得信用是一件極其嬌嫩的事，他很曉得公道的諸多元素。但是政府注意債票市場的情形，頒布命令，不許用金昆坡街作買賣債票市場，這個命令就把賣債票的同行打散了。那時候這一行的人是什麼人都有，也有外國人，多數是當男僕的，當信差的，以下等人爲最多。上等人往往走高貴的地方碰見他們的廚子或車夫，很坦白的告訴他們爲什麼到這裏。貴族却不敢十分露面，因爲倘若他們直接的，倘若不躲躲藏藏的，作這種買賣，就會革了爵位。當日最有趣的故事就是一個駝背的人，把他的背當作寫字桌，租給人用，居然得了幾千銀子的租錢，當時市場的普通情形，和駝子的故事，有插畫爲證。

其後改在峇多謨（Vendôme）大街作市場，其實這個地方也不合用。那裏的房金並不是作辦事室用的，要支帳幕辦事。這時候又有一件可以表明當日情形的事發生。支了許多帳幕作買賣之外，另外有一處是賣茶點的，有一座是女班跳舞場，還有珠寶抽彩的地方。這個所在變作晚上閒人們散步的地方，離此地不遠就是一位司法大臣的法堂，因爲太吵不能辦事，只好又把市場遷到別的地方。這樣罕見的熱鬧，記載自然難言免過其實，但是看當日情形，我們就能夠曉得，在此一方面，君主說干預羅約翰原始所定的計劃的執行，在彼一方面，這件事體，由於其所及於羣衆心理的效果，不獨非羅約翰所能操縱，毋論任何他人亦不能操縱。我們今日付想出全數先事預防的辦法，這樣的情形若發生於今日也是很有危險的，何況在第十八世紀，何況當時的貿易和實業。一旦得了無限和忽然而來的解放。又加以人性的好奇，可見諸多事體的有恆和迅速的進行，是自然而然的。我們要記得，近在一九〇〇年，那時候在倫敦第一次在地下的圓隧道走火車，成羣的人通夜坐火車來回，不過都是試新起見。二百前的巴黎和倫敦發生這種事，是毫不足怪的。毋怪乎羅約翰的大計劃的最後和完全的失敗，並不是由於公衆的舉動，亦不是由於其中的任何辦事人，其實由於官吏們，大臣們，收稅官們，參政們，暴發的或世襲的不能辦公事的人們妒忌和害怕。英國的南洋氣泡，與法國的密士失必計劃的分別，在乎這個小而有勢的黨當南洋公司的總辦們，其在法國，這一黨却在公司之外，反對公司。

他們很恐慌羅約翰將永遠取他們的地位而代之，原不是毫無根據的事，這是顯而易見的，但是逼着他們走這一存亡所關的一步原是因爲他們不獨看出來羅約翰是一個新人物，而且是一位有新思想的人，有了這樣的人，他們結成私黨，亦不能保存他們作官發財的無窮的門路。從此以後，作官的雖然較爲乾淨些，然而今日仍有這樣的精神，毋論在何處，爲公益而作一件忽然而重大的進步的事，這樣的精神明日仍然會在倫敦或巴黎發現的，紐約是更不必說啦。

羅約翰所達到的實在要點，就是全盤公債可以換大公司的股票。君主因爲要還款給股東，就同這大公司借錢，公司却欠君主各種專利營業的報效，和君主手中股票的利息。今日曾經算過，君主尚欠八百萬利華，這一款並非是無力籌還的。況且賣出一部分君主所執的股票，流通的鈔票就可以化作有存備金的鈔票，君主接辦羅約翰的銀行，當以濫發鈔票爲最弱點；因爲我們顯然見得君主已經犯了全數總理銀行的最大毛病，爲便私圖起見，印了許多鈔票，全與國中貿易的需要無涉，法國就是這樣變作一個宏大貿易公司，其中有一樣產業我們今日曉得是有幾乎無窮的可能的——即是一個大的新大陸的一大塊地和物產。

因爲關得利害，股票一跳就漲到一萬多利華，反對羅約翰黨正在這個時候進攻。他們攻得正合時，他們所攻擊的要點是很對的，他們所攻擊的就是發行鈔票太多，他們說發出的鈔票與國內的現款，越出比例。他們却不願意逐漸的清理這種的越出比例，又不願意籌備充足款項，維持兌現。假使他們照着這樣辦，自然是大政治家的手腕，不至波及羅約翰的信用。所以他們就勸攝政明發命令，立刻改鈔票的原值爲八折，以後每月再減五厘，以至減到面值的對折爲止。欲行之有效，必要密士失必公司的股票也照這樣的折扣。羅約翰盡力反對這條命令，陳明必發生極嚴重效果，他本人的信實，必要發生問題。不獨因爲他是法國新興旺的惟一發起人要發生問題，且因發生這條命令，是要根據他身爲財政權監理的法權的。朝庭却因爲這兩層理由，特爲不聽他的話，以一七二〇年五月二十一日發這條命令，發出之後二十四點鐘之內，整座建築都坍了。羅約翰只好說不幸而言中以自慰的了。此外沒得可以自慰之處。

這條命令不獨有意破壞羅約翰的普通銀行原始所發的鈔票的兌現章程。凡是明白人都曉得這要點。其所以令各色各樣的人難過，就爲的是他們手上有許多鈔票，這是第一次閱歷擠兌情形。當時實在流通的鈔票，有二千兆（一百萬作一兆）利華，存備金却還有三百兆。假使當時有逐漸兌現和多設兌現所的組織，這樣很體面的存備金，也未嘗不可以和緩恐慌，遇着這種情形，有這樣的準備金，原可以抵擋得住。但是其時有兩種手續並行，就把銀行的地位越弄越壞。在這一方面，有許多較爲得手的貨票販家們運現金貨出口，表示他們既無良心，又不相信作買賣的信用根基，在那一方面，羅約翰自己，是否因爲他真以爲那時候時機已到他可以破除羣衆（尤其是法國的羣衆）窖藏現金的習慣

（今日還有這種習慣），抑或那時候他的異常努力和責任改變他的心思（他的絕對孤立，和與情愛之不足錄，曾改變他的心思），他的舉動，反入了他們的圈套。他慫恿朝廷一連發出一組的上諭，最重要的是一七二〇年二月二十七日的上諭，各家只准存現金若干，如有過額的私存，一律充公，凡有犯嫌疑者，挨家搜沒，這種騷擾辦法，是向來未曾有過的，惟當一九一四年至一九一八年，有幾國政府辦過，當時原可以諉於不得已。這條上諭是雷厲風行的，拘捕懲罰相繼，頑固的人不過加倍的小心，有許多人不窖藏現金現銀却窖藏紙幣，到了三月十一日，就停止現銀交易。

到了五月二十二就起首擠兌，人數太多，不得不出軍隊彈壓，立刻就發生多次的衝突，死了若干人，情形是變作絕對無望的了。扣減鈔票和股票價值的上諭出來之後，自然是行不通，不過一個禮拜就收回成命，却來不及啦。我們今日是很明白這是辦不到的事，他們從前却未閱歷過——我們今日很明白信用是比較上很容易產生的，但是一旦破壞之後，是很不容易恢復的，必要等到在個人或團體的名稱或體制或地位上，作多少不同的分別（毋論怎樣膚淺），然後能夠恢復，大多數的羣衆感覺都在乎此，這種感覺就是信用。

五月二十一日雖收回成命，却並不產生什麼効果，只有把危機推廣，因爲完全失了信用的紙幣，由是得了可疑的合法性質，不能不発現啦，発現却又辦理不善，六七兩個月軍隊又同羣衆衝突，從前羅約翰原是本國和外國所拜的崇人，現在却變作不善平衡的專制政治和無望的庸劣的替死鬼。街上的流氓們，毋論遇着什麼人，都可以當作替死鬼的。現在這件事同他們却無干，不過受錢幣不甚流通的暫時不便罷了，當未夢想到羅約翰的銀行和大計劃的之先，他們是很受過這樣不便的。忽然停止貿易，市儈們自然實受損害。商界中有這樣一位很有希望的大人物，忽然倒了，他們是很驚恐的。有些人，不是手上有許多不值錢的股票，就是未及趁熱鬧時候發財的，是兩頭懊悔。那羣設法害羅約翰的人，現在不喜歡他，如同他們從前不喜歡他。我們所能敬重的不過幾個人，都是羅約翰的居高位的朋友——攝政，陸軍大臣，和他人——這幾位保護他，免得他遭他人的毒手，把他藏起來，把他的妻子安置在平安地位，他們這樣的營救羅約翰，不獨名譽冒險，且有性命之虞，他們就以他辭了財政總監理之職以遮掩他們的保護他，和不能不擱阻他出國，又派兩隊瑞士衛兵照管他，免於當衆拘捕他。啦雅爾宮(Palis Royal)有他的住處，御前會議有他掛名的差使。他的較爲不顯著的仇人們，就是巴黎議院的議員，他們曾經否決過他的權力，他却置諸不理，他們因此懷恨，這時候表示不合時的洩忿，全體都被軍隊捉了，貶去蓬他茲(Pontaise)六個月。

專制政治，也許是承認對不起他，只能作到這樣爲止。但是當這個時候法國已經越過完全專制政體的可能。他們強逼他所犧牲的地位，毋論君主抑或議會，都不能夠當他的地位，況且議院是不能永遠不理的，羅約翰是十二月出巴黎的，是他們故意縱他走的，經過許多危險之後，居然到了比國都城，他所遇的危險的浪漫情形，不亞於後來路易第十六所遇的。他的朋友們送他很大筆的現款，他一切婉辭不受，他的夫人仍住在巴黎，歸峯多謨(Vendôme)公爵保護，一文不苟的清還家用帳。當羅約翰入法國的時候，原帶有十多萬鎊，他出法國的時候，只有值八百個路易的金錢，還要奉還借來旅行所用的馬車。他和他的兄弟（已經關在大監）所有的財產全數充公；連羅約翰替他夫人買的年金，也不准支用，當他去各處旅行的時候，攝政好像隨時寄錢給他，款項是多寡不定。他曾經一度令羣衆得過一宗不能磨滅的印像，這時候他總拖着一宗說不出來的重要，毋論什麽社會，都不能令他擺脫的。羅約翰的儀表，好像是很威嚴的，他去年所作的事，有許多是可嘉的，他可以遇着很慘的結局的，他却倖免了。英國的波羅的海(Baltic)艦隊統領，從荷蘭送他回國，自從他走過幾個歐洲都城之後，到了荷蘭，那裏的貴人們都很盡禮的歡迎他，外交團也在其內，他覲見佐治第一。不久就有英法國仇人攻擊他，他却能夠駁倒他們的新控告。他當即離開英國，原爲的是決鬪誤殺的案子，現在正式免了他的罪。有好幾起告他的案子，尤其是法國人告他的，他却辦得很簡捷，他反控他們欠他的錢，以我們今日所能判斷的而論，他們還欠他一百萬利華，還要加上股票。他願意收受從前他帶入法國的十萬鎊，這件事好像並無結果。他仍住在英國，到一七二四年出外，其後於一七二九年三月二十一日死於委尼斯（Venice）。他死的時候光景蕭條，似乎還是好賭。

這就是這個人的結局。他離開法國之後，就很明白的顯露出一件事來，就是說無人能夠補他缺。清理密士失必公司帳目是一件絕無望的辦理不善的事。因爲款目雖然是大，但是中央集權是辦得很完全的，不過是簡化數目罷了。無羅約翰料理這件事，誠然是很不幸，尤其不幸的是法國沒得窩爾坡爾那種氣魄的人。此君幾乎同時在英國清理南洋公司的事，在位的人要點時候，要看過頗重大的滋事情形和貿易幾乎整個的停止，才能夠相信兌現是不能恢復信用的，亦不能改換的。故此他們起首給期限不同的年金——有二十五年的，有四十年的——和永遠的和活期的記帳，以除去至少二千兆利華的鈔票（這個數目似乎已包括當時逐漸用現款清還的數目）。但是所定的條件不佳，還是辦不通，於是再發一道上諭，腔調是很有特色的，使各種鈔票只能用作買年金；此外又加一條號令，一七二〇年十一月二十一日之後，鈔票就失了國幣（合於法律）的性質。後來存了許多大捆的鈔票，毫無價值。

此外還要對付公司的股票，每三張公司股票，換兩張新股票，新股票是從充公的君主所執的股票產生出來的，有三百六十個利華股息，不然，就是一張舊股票和交出三千利華，換一張新股票。我們從這個辦法就曉得老股不過減低三十三成又三分之一，新票同時當作值九千利華。按着這樣的辦法，是要最初的買股票人交存他們的股票，倘若已經出手的話，要向公司買同數的股票，每張按一萬三千五百利華計算。這樣一來，就有許多人爭先恐後的帶了可帶的現錢或金塊銀塊出國；被拘拿的不在少數，連君主的秘書也被拘啦，關在巴士提爾大牢裏，總算是辦得破除情面，他說他不過是步趨宮廷所發起的榜樣，也免不了坐監。

這許多手術的總效果就是使法國每年還三千兆利華的利息。因爲幣制接連的和有意的改變，我們難以計算究竟是多少錢，但是革尼（Hnd Sm Gurney）有一本伍德（Wood）所撰的羅約翰傳，旁邊註一百五十兆三字（一百五十兆鎊），大約許多讀者都拿這個數目作準。這樣大的一筆款顯然是籌不出來，只好派一個有全權的委員團辦理。他們嘗試把執有政府債票和公司股票的人按照從前怎樣得來的情形分作等類，凡有說不出是怎樣得來的，亦別爲一類。這一類就擱開不管。凡是數百路易或在此數之下的，都照給不扣，其餘的二千二百兆政府債票，其中約一百兆零七十萬的利息，曾經證實自二厘至四厘不等，至於公司股票卻只有半數，利息第一年減至一百利華，其後按一百五十利華計算。年息因是減至五十六兆利華，投資的人到了這個時候，才曉得他們的股票有一部分是打了對折或七五折。這件事全盤是很複雜很暗晦的，我們難以曉得，自從羅約翰發起以來，以至於委員團最後的清理，其間五年，購買力的差別，爲羅約翰製傳的人堅持其說，謂把全數的損失計算在內，法國還是有進步的，富過從前，很要感謝羅約翰。毋論怎樣，法國後來的許多不幸，不能直接歸咎於密士失必公司，只能歸咎於法國政府把稅項仍交從前那一羣人包辦，一直辦到大革命發起，這個公司的事體跟隨法國的第一個殖民帝國的命運，以至於出賣路易士安那時爲止，這個帝國的其餘諸部分，當此後若干年英法戰爭時失去了。我們爲比較起見，讀者要記得當清理時候，用到八百名錄事，委員們騙詐百出，有幾個大員被拘，審實，定了死罪，後來改爲充軍或永遠監禁。在另一方向，我們都要注意斯梯爾（Stair）伯爵，他是英國派駐巴黎的大使，他自己也是一個蘇格蘭人，很曉得羅約翰的計劃太早了二百年，此時行不通，苦苦警告英法兩國的人。他總算是當時有遠見的人，又是最誠實的人，他所得的賞賜，不過是二十年間完全無人理他，還受二十年的擯斥。

英國募做密士失必的辦法，發起一個南洋公司（通稱南洋氣泡——譯者註），最奇異的事就是斯圖亞特朝的幾位君主所最反對的就是倫敦，他們的霸道不合法律的行爲却把倫敦變作世界上最重要的債票市場有二百多年。但是第一次債票交易所的危機，却發生於有一天要努力折回於按期用現款還國債，當時以爲財政上的信用所應走的惟一眞正平安大路。這一次就是全數後來諸多舉動之祖，以至於今日的每日的窄小賣價的趨向，這是善於操縱者所最研究的事，且是銀行和其他有法權的人所驅策的。這是一件事實，却沒得多少人領略。南洋公司就得了機會。那時候已經有了東印度公司，有了發起不過廿五年的英國銀行，南洋公司初時亦不過是當日盛行的極其無害的貿易公司。我們試看這個公司的計劃，當日在英國銀行和東印度公司之間，打過來打過去，不獨是很有趣味，而且很有研究的價値。進行的手續是老實得有趣，時機却是很合宜的。包圍君主的神權和其他權利，與秩序和莊嚴並行；在諸位領袖政客與淸還國債計劃之間之密切關係，發生於意在侵吞公款的成數居多，發生於投機成數較少。凡是議院所委派的一位君主，他所能執的法權，絕不能與世襲的君主相提並論；因此在第十八世紀之第三四十年之間，英國社會的情形是非常的鬆懈，何甲斯(Hogarth)畫師就有機會描畫當日的風俗和道德，意含諷刺，一入手就有幾位大臣，窩爾坡爾，孫德蘭(Sunderland)，阿士利比(Aislabie)等，和兩院的議員，都預聞其事。當時最顯著的人物毋過於窩爾坡爾，他本來不算什麼人物：他是新出來的諸多無名小卒之一，浮到面上來，供應這時候諸多殖民政策的物質要求的。一個君主的宮庭，原有古時世傳制的惟我獨尊的專制空氣，到了這個時候，却第一次受驚動，即使以依利薩伯朝和查理(Charles')幾朝的時人而論，那時候還能夠有眞正貴族，預備爲主義而以性命冒險，却絕不預備作生意，弄污他們的手。在貴族們之中，和在貴族們的左右之中，却有一班較爲粗鄙較爲卑劣的人，從下面往上擠，這是不能不發生的事。我們絕不能相信當這若干年毋論任何自以爲得法權於天的紳士，能夠維持英國（實指英國一國，那時候其實三島並未聯合）的局面。英國最後的與歐洲不聯合，至是已經告竣；英國既失去在歐洲的重要地位，於是有一百年努力以奪得海外的更大的世界。在這驚濤駭浪中，操舟把舵的，就是窩爾坡爾，亦如其後不久出來駕馭同樣的風潮是庇得（Pitt）。他不過是個平常人，並無什麽英雄舉動。一七二〇年，他原可以當財政大臣的，他却辭了，當海陸軍總支應；後來他告訴人，爲的是避免同孫德蘭貴族麻煩。窩爾坡爾小男爵說道：「貴族會把我擇出窗外的！」他並不想謹守決鬥的儀文。他是很敬重內閣的，如同一個不良的小孩子之敬重教堂。他不要講體面，他也不要把國家大事放在揮筝之前。他的最重大的劇性就是有結實知識；從此以後，英國人最喜歡的，就是大臣們有結實知識，二十世紀有過兩位就是這樣的，一位就是阿士奎(Asquith)，嘴裏總不離「等等看」三個字；一位就是鮑爾文(Baldwin)，這位英國首相更妙啦，他嘴裏是不說話的，只銜着一枝烟管；這兩位都是窩爾坡爾的嫡派子孫。

窩爾坡爾是無所顧忌的．他一起首就反對南洋公司。他並不是看不起這個公司；他也不過是看得透。這却並不攔阻他不從股票起跌中發財。有人還說他是照面値賣進的，當票價長得最高時候賣出的，這同當時的風氣很合拍，這種的行爲並不受人指謫，只受人妒忌罷了。古代的法權是很難死的，所以當日的人，都常預備賣這個新而有危險的，好作買賣的，奉耶穌教的英國。英國的最大仇人就是被廢而力圖復辟的僞朝，父子兩人都在內(指斯圖亞特朝譯者註)。姑且勿論其他，僞朝的父子兩人，若無大君子的道德，至少也有大君子的氣概；還有他們應有的諸多不良之處。窩爾坡爾却不然，頭腦是很好的，會理財，會吃酒，會立法，會行賄，侵吞公款和廣行賄賂，都是他發起的。他很會用這兩種手段。他是當時的一個模範，我們研究投機歷史，是很要研究他的。我們還要曉得他是一個好地主，熱心朋友，是美術的一位大好事家，爲人慷慨，好客。所以經他手上過的錢何止千百兆鎊，却一個也不留；他死的時候很窮。

我們未考察南洋公司計劃之先，必先要看當時的情景，自從數次議院之戰以來，這時候還未能忘記，倫敦變作不可一世的那樣驕傲。這時候是一個新倫敦，王室不住在那裏啦，古時候的百工事業已經墮落啦，另外一種樣的人得意啦，這時候得意的就是商家和政客。我們讀皮背斯（Pepys）的日記和何甲斯（Hogarth）的繪畫就曉得啦；皮背斯是親眼看見重造倫敦的。何甲斯是住在那裏的。那時候的倫敦最有特色。旣成立了英國銀行之後，凡是投機事業，都集中於新而令人驚異的可能事業。他們爲什麼株守田產呢？爲什麼磨桌子呢？這時候不是有迅速穩當的發財門路嗎？不是有買賣錢幣嗎？不是有根據於現錢的票據嗎？這時候有可以買賣如同銀行債票或年金的國債，有海外不知名的地方的迷人之處，有哥爾昆達和厄爾多刺多 (Golcunda, Eldorado 兩處都是幻想的產金銀地方譯者註。）這都是很能激動投機性的。國債到了這時候，是第一次可以買賣，如同債票或股票一樣。

債票投機，股票投機，這兩個名辭所指示的系統，發生在荒古時代；哲孫(Jason)帶了一羣航海的人，爲利西士(Ulysses)帶了許多同伴出海探險，爲的是什麼呀？凡是航海事業，都有負責任和牟利的意思。自遠古以來，航海和開墾或畜牧，都是合資的營業，却向來無市場的，亦無專門買賣這種東西的，到了這個時候，才可以有移交過割的票據。倫敦的財政中心點，維持其地位不動，巴黎却不然；一七二〇年的事體所包圍之地，仍然叫作『交易巷，』不過現在的外觀，不能表示從前的情景。我們要記得自從倫敦大火之後，並未正當的重建。（中略）

我們在紙上平心靜氣的考慮，南洋公司的大計劃不過是今日的歐洲大戰以後的還債計劃，這是我們今日所熟聞的。

斯圖亞特朝所強奪的民間錢財之外，還有維廉第三的戰費，有了這次戰事，才能夠成立奉耶穌教的，好作買賣的，好營殖民地的英國，這是今日我們所知的英國之祖。但是這次的成立，是很新近的事，是不甚安穩的事。隨處都要用錢，戰事很缺粮餉。斯圖亞特們是浪費家，是暴斂家，倘若革命要抗抵住斯圖亞特（他們還盼望復辟，還要再嘗試一次，用武力復辟，）必要令國人看見一種較良的政府的實在證據。那時候的人同現在一樣，以爲輕稅的政府，就是較好的政府。這時候有一大筆國債是人人都盼望政府淸還的，這筆國債，溫到五千萬鎊，是向來所未聽見過的，年息有七厘八厘的，也有九厘的。因爲不得已之故，已經強政府採用窩爾坡爾的試辦計劃，把利息減至五厘，還是向英國銀行和南洋公司借現款，淸還較難說話的執有債票的人。

這兩個團體就是當時的模範建設，却不期然而然的代表兩個反對的政黨。英國銀行代表維新黨，這時候正是當權。有人說英國人最崇拜貴族。我們還要加一句說英國人最恨受管轄。那時候的在野黨，覺得這個新銀行所享受的專利，太過危險的完全。

英法兩國戰爭，以爲得勒支（Utrecht）之約乃言歸於好（其實法英兩國之戰爭實從此起，並不是從此終。）這個和約裏頭有許多複雜而大抵皆不能成事的條件，其中有一條是要把南美洲販奴的營業交給英國的航海公司。於是就把這件事給南洋公司經營取利，還有人推論，此外還附帶其他空泛而極大的利益（幸而今日發起公司的章程不列這款，）南北美洲的能迷人之處，還是很發異彩。其實用不着什麽推論，南洋公司有很濃厚的保守黨的色彩，有許多國債在手上。這個公司的債票，溢出原價。

有許多人以爲操縱國家的財政是第二十世紀新創的事，臨讀一七二〇年一月二十二日交與衆議院議行的計劃的詳細歷史。這個計劃就是一個奉過特准的殖民團體，情願拿他們的債票換國債，那時候用過小本書，和咖啡館的閒談，鼓吹債票，已經起價，起得很快，國債卽跌得很低，本利都無着，並不算作國家的一件釘牢不動的家具，不過是因爲關政治風潮和國際的複雜交涉而設的暫時便利辦法。這個計劃是根據於蒸蒸日上的不奉耶穌教商人們願意和平，願意漢諾威邦卒耶穌教的君王在位，願意減少稅則。後來票據起價，起得熱鬧，出乎常識和平常買賣之外，原是太過鼓吹將來的利益。我們要記得，當日是浪漫時代。我們現在要說南洋公司的概念，是發生於撰羅濱孫漂流記的笛福（Defoe）。這件事實並不是十分不近理，但是我們要解說後來諸事，正不必求之於如是之遠。全部機器，銀行，買賣債票，開闢殖民地，無一不是新事業。同樣的計劃，已經在法國發達到極點。我們在今日，亦曾見過用手段所發生的令人驚異的效果。我們並無理由譏笑或驚詫我們的老實祖先。

這件舉動的汚點，全在政客們和發起人的貪婪，和不顧廉恥，兩相比較，遠不如羅約翰及法國人那樣乾淨。我們今日可以自慰，限少數的人，即使有這樣的志願，能有機會作弊到這樣地步。有人說當財政大臣有議案在手的時候，已經買了二萬七千鎊的債票。四月又招二百五十萬鎊的資本，發出的債票，是三倍原值。按逆讓給執有國債票的人，都是按漲價計算的；因爲到了七月，公司的股票已經過了一千（即十倍原值）。但是此時所發現的事，尚不止此。全市的人都擠到交易巷的攤子或桌子。那時候只要能夠在這裏租得一間房子，或找着地方掛一個招牌的，都可以發起一個公司，我們今日看見那時候的顯然騙錢的各種計劃目錄，是會發笑的。真正投機家看見了，恐怖起來。南洋公司的總辦們，這時候他們已經勸君主入總辦部，並不喜歡受那些一半令人好笑，全個騙人的幕做他們的公司，有人宣布創設公司專辦揭露永恆動的，不然就是「創辦一宗有極大利益的事，却無人曉得是辦什麼事。」這件事却幫助我們看清楚什麼是真投機，什麼是不過是賭博。南洋公司是有價值的真正專利事業，是一個政府的辦事機關，若是在較爲有閱歷的人手中，未嘗不可以多少辦到所希望辦的事。這時候發生許多營業，其中就有國立交易所保險公司（這是保險公司的名稱與交易所無干譯者註）和倫敦保險公司，他們都是奉特准開辦，享受特別利益的，獻了許多報效，還無的款的國債。在當日的人的心理中並無有一宗元素能夠運用已經設立的機器。南洋公司的總辦們要辦的第一件事，就是運動一條法令，禁止追踪他們的許多嘗試發財事業。其效果不過是暫時幫助他們的股票的地位。羣衆的教育不夠，法令既陸續消滅透底不好的公司之後，普通信用大受騷動，大過指出眞正專利營業與不過是騙人的股票販客之滑稽的分別所得的好處。南洋公司的股票起首跌價，總辦們頭腦不夠，不能處這樣的地位。他們立刻走了邪路，不獨辦理不善，而且連平常的信實都沒有，宣布派若干股息，却不能照給，全數這樣手段，都無效果。

公司的地位是很絕望的了。這時候却請窩爾坡爾出來維持。我們考察他的行爲，就不能不稱讚他。他這個人確有英國人的性質。他所處的時世，是在第十九世紀重大的宗教復興之先；他所過的日子，實在是無日不有身體危險的；在這一個政制之下當大臣，革命之後，就可以被新政體的人所劾，劾他大逆不道。所以我們不必同一個毫無道德而好駡世的人爭論，他看透時人，看透時局。國裏有一半的人很喜歡看見這個很新的王室和幾乎全數重要議員，都捲在這個漩渦裏，這件事本來就不是件好事，很快的變作一件公衆的醜事。當時的衆議院議長說過，「假使僞君在倫敦紫登蚸，他可以騎馬入王宮，沒有幾個人攔阻他的那個一次復辟的嘗試，不過在前五年，後來還有一次嘗試啦。漢諾威朝所有的最有力的保護，不過是當時的人好貨黨，貨得却是很不偏的。這才算是真正投機空氣啦！窩爾坡爾就是應運而生的駕馭這次風潮的人。那時候好像是只有他一個人明白會計法的可能性，曉得信用的實在意義，曉得過劑的機器。他同「中古」時代，「復辟」時代的政治家很不同。他担任重新整頓這個倒盤的公司，好在這個公司沒得法國的密士失必公司的年代那麼久，局面也沒得那麼大，又幸而並不包括國立銀行。這件事誠然不是合法律的破產。我們要把停止支付的確切觀念，湊合漢諾威朝的倫敦的空氣。南洋公司的債票的價值越能提得高，就能用越少的數目掉換國家債票，公司的總辦們，自然能望多得利益。他們越答應多派利息。他們的債票的賣價，與他們買進的五厘入息的債票之間的差別越大，乃能容他們得餘利。我們沒得確實憑據證明任何一位總辦曾細心考察在遠的將來；我們現在曉得他們所估計的販奴專利的餘利，估得太高。衆人心理的改變，由是信用的改變，原是發生於總辦們的舉動，他們運動發出命令，取消他人摹做他們的公司。

這是第一次倫敦閱歷財政的危機。那時候無人曉得投機心理。當日發起許多公司，其中有一個是建築市房公司，這是一個較爲體面的，其中有貴族且有人維持的。我們今日自然很容易看出發起這個公司所創造的紙上的錢財，一經匿跡之後，就不能不發生出賣自己的債票。有一個陰謀圖的諸多領袖們，其中並無一人疑到或用這種方法，或用那種方法，尚可以維持行市，雖現出其爲背理，亦尙可以辦到。惟跌落的趨向，現出不獨有許多個人借錢買南洋公司債票，（這種債票賣了，却不能償還借款。）而且公司自身，會以本公司債票作抵，借出十一兆鎊。無知無識的買其他營業的債票的人，例如買英國銀行債票的人，都很受累。最高行市是從二千（在七月十六日），跌到二百十。在八月裏，總辦們仍然要八百鎊的政府年金，換一百公司債票。這麽一來，預定債票的人就同總辦們發生衝突。因爲五月間成交是三百七十五，兩相比較太過吃虧。還有人怪他們當定得債票的人不曉得情形的時候叫他們簽字，那時候的手續原是很單簡的，無奈羣衆毫無閱歷，正在買入許多吹得很脹的債票，能夠有什麼知識。這個公司的性質原是半官半商的，發起人都是閣人，這時候却發生不良的效果。既鬧到這樣的大風潮，國裏受害的人自然是很怨恨政府，上自君主（他這時候不在英國，回去漢諾威 (Hanorer)，他喜歡住在這裏，不喜歡住在英國，他的宮庭騙了許多南洋公司債票到手，）下至在內閣之外的小官僚們，都被國人所怨恨。這件事若不變作國際的不名譽的事，至少也變作本國不名譽的事；法國的密士失必公司的命運並不和緩普通恐慌。

窩爾玻爾在九月十九日造好他的第一次計劃。我們看他的策劃，就看出他的罵世性格的好處。他誠然不免很重的打擊貧乏而忿怒的執股票人，但是在九個月吹脹的樂觀之後，必定要用這一服補藥。他破除情面，對待英國銀行是毫不徇情的，表示他理路清楚，有非常的能力；這都是時人的薄弱和無能給他的，他們同事們之貪婪更不必論啦。

當南洋公司最初陳請政府的時候，願報效三百五十萬鎊，換所求的特別權利。英國銀行在政治上亦有充足助力，強逼政府公開，願報效五百萬鎊，求得相同權利。後來南洋公司加到七百五十萬鎊，就得了特准。我們所以見得英國銀行很預備辦南洋公司所辦的事。有許多人因爲政治的及其他理由，願意當日與其批准南洋公司辦不如批准英國銀行辦。我們不必稱讚他們，說他們有力量較大的道德上的節制，爲公的觀念或者較高。雖然，英國銀行却是很有理由訴苦，說是因爲普通倒帳，他們自己的債票行市很受影響；銀行對公司，自然不能存很講友誼的精神。窩爾坡爾的第一次計劃是要銀行幫公司，却並未批准，公司債票後來跌到二百十，不能怪銀行的總裁不答應。又有人以爲君主回來就可以恢復信用，其實也不能維持市面。君主是十一月回來英國的，債票接連跌到一三五。到了十二月八日，輿論激昂到極點，議院不能不出頭干預啦。

窩爾坡爾又有一個計劃，要束印度公司和英國銀行，各收受南洋公司的債本九百萬鎊。但是當時的風氣和羣衆的心理不能這樣直捷爽快，不能這樣的認眞辦事。况且當時凡是批准專利事業，都要經過許多半官半商的運動，乃能奉准的，亦斷不能這樣辦。這件事體雖通過變作法律，却無方法强逼英國銀行東印度公司實行照辦，開闢一條道路以應最會吵最無良心的人的要求，有絕好的機會要求政治上的報復。南洋公司奉命呈出帳目，同時並要查考自一七一九年九月以來官吏們買債票的情形，禁止公司的總辦們離國。全個事體都炸裂了，管銀錢的跑了，帳本已毀了，現在不能再遮掩了，不能再事姑息了。凡是議員當過總辦的都被監禁起來，官吏們沾過手的都被拘了，財政大臣同這件事有很深關係的，准其辭職聽候審辦。

最後想出第三個法子，施諸實行。第一條就是窩爾坡爾於十二個月前聽見南洋公司的原始條陳時就力請實行的。公司求得利益所獻的報效，減去五百萬鎊。後來又免了二百萬鎊，這樣一來差不多就是公司原始所願出的報效數目。窩爾坡爾的見解，很合我們今日的見解，很能明白要這筆報效的錯處。近代實出發起的公司，常常要這樣的酬勞金，公司從此就負了重債，永遠不清。

因為公司所辦的事的性質，故此不能追他人欠公司的借款。公司拿自己的債票作抵押品所借出的一千一百萬鎊，是拿全數所執債票和給債款十分之一作抵的，有一半的抵押溢額要棄却，這一筆的損失就是七百萬鎊。原始執有政府年金的人，一經重定債票價值，不過得着他們從前所得的入息的百分之四十，第一次還款是按照百分之三十三零三分之一，隨後增加。到了這個時候，群衆的政治擾動是很有用的。那時候雖然間接承認有限担負的主義，却無這樣的想念。分給債票的時候是亂雜無章的，有許多是紅股，作為已給買價的；因為這一層就能夠攻擊總辦們，尤其是得了債票，賣出發了財走開的總辦們。政府把他們的產業充公，得了二百萬餘鎊，除出留給養贍費之外，還抄得許多錢，使清理有可能。

我們並不是說執有債票的債主們就能滿意。我們要記得他們整個的不習慣這種手續。債票不過是紙造的，這種財產，不到六個月就會漲價到十倍，就闢出發財的新門路，與從前發財的很低級觀念，完全超出比例啦。從前要發財不過是限於勞動，置產，和兌換金銀錢幣，從中取些微利。當同樣的紙片上的財富，跌到不過是倍於原始的數量，不獨是錢幣消滅，一個新世界也消滅了。在清理之後，輿情激烈，利害過未清理之前。於是不得不宣讀禁止滋衆鬧事的法令（遇有聚衆滋事，官吏讀這條法令，讀到一部分尚不解散者，照犯罪論譯者註），英國衆議院的廊裏旁聽人滋鬧，只有這個最後辦法請他們解散。窩爾坡爾的才具，超出時人二百年，他現在所執的事權，大過今日的任何部臣或任何財政官所夢想的，受人攻擊，都是出于私人的惡意，是毫無道理的。他的罵世主義使他絕對的一秉大公，原是很有用的；現在卻傷了良心不好的人，和欠債的人。窩爾坡爾的政治上的行爲是不好的，但是他的理財知識卻是好的。這件事我們卻不能不歸咎於那時候的風氣和他這個人。英國前此已經內閧數十年，什麽法子都用到啦；從最陰險的手段以至於公然開戰，都用到啦；這時候，毋論什麽負責的感覺，都全消滅啦。與窩爾坡爾同時的，與他反對的，有許多陰謀復辟的人。他們卻有一樣好處，他們自己相害，比害漢諾威朝，收效更多。假使第二次斯圖亞特朝復辟的嘗試果然成功，窩爾坡爾又該這樣對付，這卻是一個有趣味的問題。所以他受攻擊，雖然是不公道，卻是意中事。他後來清理南洋公司，其實他既不袒護公司，亦不袒護英國銀行。國人卻怪責他，輪流的怪他祖護此方面及彼方面；他的用意，曾經坦白的表示，自然無疑是可信的。但是骨子裏的窩爾坡爾，同後來的判麥斯登（Palmerston 是後來英國的有名外交大臣譯者註）一樣，能夠作各樣無精采，怪僻，或甚至於令人疑惑的事，到了末後那一分鐘，却振作起來，雖然放肆，却是絕不糊塗的；雖然嗜酒，却是不醉的；實在是一個國中的人物，確是一個英國人。他的一方面所有的，不止是常識，不止是善於會計。那時候鬧得最兇，不獨是度支危殆，連在君主位的這一朝代亦是危殆，只好到他家裏，請窩爾坡爾出山，他正在家裏種花，布置畫幅。英國人所常愛所常相信，所願追隨的，就是他這樣路數的人。他是德類克（Drake 是英國有名的海軍大將譯者註）一個路數的人。相傳西班牙與傾國的艦隊來攻英國，德類克看見艦隊的時候，正在打球；他必定要打完了球，才肯去布置。聽來似乎言過其實。但是描寫他這個人的性情，却不曾如生。這樣人有低道德却攙上大胆量，有天不怕地不怕的冒險性質，却攙上最會打算盤的本事。這是氣候，種類雜合，和各種我們所不知的屬性，所產生的結果——尚有其他振刷精神，及發生思想的屬性，是我們不甚曉得的。

事過數百年之後，我們能夠從窩爾坡爾學點本事，諸事並未解決，我們能夠從這種事體學他，況且又是應該學的。當時人人都是爲己，不是犯罪的染指，就是把國家的全個前途置於危險之地，以報私怨，或報政治上的仇恨，惟有他維持信用，和鎮定政治情形。我們的第一次的信用危機所發生的糾亂不清的和腐敗的財政地位，經他布置之後，就是永久的辦法。南洋公司的灌氣的債票的餘燼，留傳下來，成爲我們的化多數國債爲一個國債的一部分。從他整理過的南洋公司，還活一百年，公司的房子後來是歸晉意保險公司暫住。到一八三八年一月，南洋公司雖死不遠了，可以把大廳和其他房間出租。晉意保險公司逕覺得地方太小。情形是改變了。

羅約翰的路數與窩爾坡爾不同。羅約翰是個幻想家，不是個辦事人。我們可以說，這是由於蘇格蘭種性和教育。

窩爾坡爾是個英國人，是本地本省的土產，來自遠方，小鄉紳的短處，勢利人的思想，樣樣都有。我們比較這兩個人，是會叫我們發笑的。羅約翰是被置於債票投機第一次大暴發的第一位，置於最前列，却置窩爾坡爾於末後，一位是預言家和發起人，一位是清理家或埋葬人，大約這就是造化弄人的一事，這兩個人的路數是極其相反。一個代表人類精神插翅高飛，一個是代表人類永遠根據着大地。他們兩個都很費了大力，都得不着什麼，只得着國人的辱駡。兩個人死的時候都是該債的。羅約翰所創造的事體，當世的人却不會善用。窩爾坡爾最能早見及此，早已發過議論。他却是一個大國的信用建設的推行家，若不是虧他，這個大國是會觸礁的，不然也要無限期的退步。我們却要記得，這兩個人都不過是理想家。羅約翰所相信的事，到二百年後才能成立。窩爾坡爾是什麽都不相信的，假令他能改良他的儀容，現在可以同我們往來。這樣的人，都是大投機家，是推進投機事業的人。

我們今日所說的債票投機事業，謹嚴的意義，是說受制於一定章程之下，在有定的市場中，預備許多可以買賣的債票和股票，就是在這個時候發動的。

自表面看來，一七七三年，起首自稱爲債票交易所的，一發生就是羽翼都長成了的，一種較爲有過考慮的裁判，大約要說造成債票交易所的全數元素，當時都有了；每種元素被人們的實在的需要所慢慢的發展，因嘗試供應當日之所求而發展。但是公開市場買賣信用票據，却是很重要的一個進步—這是債票交易所的最眞義—既不是一個人所能辦的，亦不是一個貿易公司所能辦的。必要等到因一國的需要，得到議院批准，然後能發展一種近於市場的事。當第十八世紀初年，人類發展的前錄，都是包圍北海流域諸國所造成的；通行政體，有是絕對獨裁制的，亦有逐漸變作立憲制形式的，故此這件事發現得很速；但是這種立憲制仍是個人執權，不是包圍地中海的抽象形式，這時候起首讓出動作中心點地位啦。所以君主是最大的借債人。英國這時候，納稅和代表間的關連現有實在形相，國用是國債供給，不是用君債。這種借國債的事，變作例行的事，因爲國債日見加增，不怕市面無新買賣可做。

至於實業債票發展未到程度（有例外的事將討論於下）還不容當買賣作，當日的東印度，南洋，哈得孫海灣諸公司，並不是如我們今日所謂實業的，是與夢想要淸還國債有關，同時亦是籌資作生意的事業；因爲這時候的殖民地還是君主的殖民地，實在是君主的產業，有時是用他的名義取來的，有時奉行他

（或她）的意思取來的，故此稱爲君主的殖民地。最早的殖民地就是東印度公司，一六〇〇年奉女主依利薩伯（Elicabeth）的特准成立的；資本七萬二千鎊，每股五十鎊。到了一六一三年變作合資的；詹木士（James）發給一道新批准，准其擴充資本到一百五十萬鎊。一六五五年克倫威爾（Cromwell）取銷公司的專利，三年後復活，后爲資本七十餘萬鎊，已交者三十餘萬鎊，查理第二於一六七六年加上餘利，把每股升到一百鎊，公司很有成效，一六八〇年，每股長到三百鎊。這個公司一見成效，就常有別的公司發生，同他作勁敵，或侵犯他的專業權利，東印度公司求得新批准，保固他們的專利，股票從三百六十鎊長到五百鎊。一六九三年因爲公司不交稅款，專利停止；但是重給專利權，在三年前通知之後仍能停止。因爲競爭之故，一六九八年發起一個新東印度公司，一七〇八年新舊兩公司合併，新公司借給政府二百萬鎊，八厘息。一七〇八年合併公司借一百二十萬鎊給政府，不取利息。就是這樣使全個資本得五厘息，一七三〇年減作四厘。這個最後手術加上報效金二十萬鎊，買專利權買到一七六六年，這個辦法隨後取銷，另定一個辦法，於一七四四年，借給政府一百萬鎊，三厘息，這樣就可以享專利權享到一七八三年。國事愈變煩難，不能如定限辦理；因爲一七四九年全數國債利息改作三厘，准他們發行年金，約合三百萬鎊，又先期三年通知他們，要停止他們的專利權，政府却要歸還四百二十萬鎊的債，和未給的利息。

東印度公司的地位的紛亂，和半官半商的貿易所受的接連政治壓力，就是這樣。當下餘利的起跌就反動到公司的債票，跌到一一四，一七六四年地面上發生嚴重的爲難，債票跌得更低；於是派人查考公司的全部管理情形，考查的結果尚好，餘利升高到一分，債票長過二百五十鎊。他們的專利稅，每年定爲四十萬鎊，他們求得重新專利權到一七七三年，這時候他們要求助，借了一百四十萬鎊，歸還得很快。這一筆借款似乎夠用啦，因爲公司所給的餘利增加啦；却見得難以按八厘發給，屢次與政府互改章程和交互登帳，却能使他們加添資本，一七八六年按一五五加八十萬鎊，一七八九年按一七四加一百萬鎊，一七九三年按二百加一百萬鎊。

這是第十八世紀東印度公司的債票情形的一篇單簡總結，（不得不從略，亦不得不只從一個立點考慮，）自投資買債票的人的觀點看來，是很有價值，因爲這是一種模範。第十八世紀末年的債票交易所的行情單，只列十二種的國債，有備抵作爲定債的，有是政府批准任由各機關如同海軍，軍食處，運輸處，財政部，國庫，軍械局，自行出債票籌借的。在國債之次，就是奉批准的大公司的債票：例如東印度公司，重新整理過的南洋公司，英國銀行，這都是作生意的，守着多少的政府所定的章程辦事，政府却不能久而不沾手，政府的用意有本書已經說及的，亦有此後將說及的。東印度公司是一個好榜樣，間於正當的國債與實業借債之間，近代文明世界之所以能成立，都是賴有這種種辦法，東印度公司就是個直接的鼻祖。我之所以挑選東印度公司作個榜樣，並非是出自錯誤的愛國主義。因爲倫敦債票交易所的歷史，可巧發起在先，先過北美洲或北歐洲的任何這樣的設立，並未受過巴黎交易所所受過的間斷，長命過於阿木斯特丹。倫敦債票交易所是里阿爾托（Rialto）的最近的嫡派子孫，若無這個交易所，我們難以想像近代的窩爾街（也許有取倫敦交易所而代之的可能）怎樣能夠達到今日的地位。這一個世紀的歷史的重要，在乎創造一種新財產，在乎令人學會心理的新習慣。

這個世紀末年的債票交易所行情單尚餘兩個可採的，兩個都是保險公司，兩個都是南洋公司炸裂的遺產——一個是王家交易所，是爲航海事業而設的，資本一百五十萬鎊，過了一年，發展爲保生命和保火險公司，加了五十萬鎊資本，只要招交一半；一個是倫敦保險公司，是保水險火險的，資本一百萬鎊，每股二十五鎊，先交一半；他們的營業執照是由每家報效政府三十萬鎊得來的，付過一半；執照上有一條很怪的條文，不許人買了這個公司的股票再買那個公司的股票。當日爲什麽不把哈得孫海灣公司同東印度公司和南洋公司並列，我們却不曉得。

此外尚有東印度和西印度船隖兩公司，其一有四十萬鎊資本，其一有一百二十萬鎊資本，但是這兩個公司的事屬於本著作的另一部分，帝國借款也是這樣，（是各次戰事資助與國軍費的款，一七九五年化零爲整，作爲七百五十萬鎊，只給息不還本，）又有一款叫作唐丁（Tontine）年金，是第十七世紀遺留下來的，是一種聯合的年金，買債票的人逐漸死了，未死的分得的年金愈多，這就叫作唐丁年金，最末後的那一個得年金的人死了，就算完了。從以上諸多事實看來，有時分投資和投機爲兩種不同的手續，其間的關係是顯而易見，至於這兩種手續的分別，其實是很暗晦的，除了純粹個人的貿易不算外，凡是籌資作任何營業的，都是發起於挪用款項，以永遠不停的用款超過收入而發展。除正當國家借債之外，加以半作貿易的借資本，包括捐助外國之款，及開辦保險公司之款。

由貿易公司普通買賣資本單位，再進步就到了另一時期。

交易巷的債票販子們經過這陣大風潮之後，還是很好的。南洋公司大翻騰之後，還有許多煩難的事，還要接連推廣信用的建築，是英國日見其增加所依賴的。他們起首發起他們自己的辦法，有一兩個榜樣，是讀者應注意的，當南洋公司的風潮最緊急的時候，有一個人名叫安瑪該(Thomas Guy)逃出這個大風潮，逃得最合時。在這個當日能夠逃出來，就是絕大的投機本事。今日我們常聽見說——二百年前這句說話也是對的——毋論什麽儍子都會買進，但是賣出，却要一位多智的人，安瑪該就是這樣的一位多智的人。凡讀過皮普斯日記的人都記得那時候海軍部的錄事，日夜都覺得那時候的永久困難，說的是艦隊（這是英國最自鳴得意的榮耀）的水兵們未領到餉，這時候是發不出餉，水手要餉，不肯走開。這個疑難而沒法好想的日記家，記載他怎樣被逼，却不得不想法子把水兵們騙走了，把這羣打過多少勝仗的水兵們打敗了。他所想的法子很多，其中有一條，就是發票子給他們，作爲欠餉的代表。假使他用這個法哄騙任何其他部分的人民，是辦不到的。水手們却領了票子就走。等到他們見得這種票子並不是錢，他們却很有忍痛派哲學家的氣概，取不出錢就由他去，今日很有這種樣的人。安瑪該却用賤價把這些票子買來。他很斟酌的把所得的進款，買入可以買賣的債票股票，臨死的時候，他有五十萬鎊的財產，有一半捐辦醫院，至今倫敦還有這一所很有名的安瑪該醫院。假令當日不失信用的，把欠餉都正正當當發給水兵們，不知會發起什麼樣的醫院，這是一個有趣味的問題。

從反對方向，投機事業得了一宗不覺得而且是不願得的勢力。巴那德爵士(Sir John Barnard)並不是在小飯館吃塊羊排的人，也不是收買水兵的票子的人。他是商界大王之一，是一個最好榜樣的倫敦公民，他久已在議院代表倫敦市。他看不起而且斥責一切投機事業，同窩爾坡爾奮鬪，有十五年間，他竭力維持他的一個議案（這是第十九世紀的不是第十八世紀的特色）要逐漸減輕國債的利息。這個人是不受賄賂的，請他當財政大臣，他不肯當。那幾個率特進的大公司，是執了許多國債票的，都反對他，他也不顧。怪不得他不能同窩爾坡爾聯盟啦。後來居然通過他的議案，日後實業債票（實業獲利較大）所以能有推廣市場的門路，都是虧他。卽使無巴那德爵士的刺激反對，我們可以相信債票股票交易到了這個時候，是一件已經成立的事。南洋公司倒了的那一年之後，就繼以許多次等的營業破產，又因一七六三年，荷蘭和漢撒(Hanseutic)的失敗，由是發生這樣的交易，但是到了這個時候，有一千萬鎊的英國國債票已經在外國人手上了。一七六四年有印度之戰，公司很吃緊。他們恢復了他們的興旺，不過僅進一七七二年的坍塌。那時以蘇格蘭爲一個大坍塌的中心點，有兩間銀行和一位福狄士(Fordyce)都裹在漩渦裏。福狄士是從北邊下來的，旣聰明又有胆，南邊人久已被他迷惑，被他領導。這一次的情形很嚴重，不能不求助於荷蘭，瑞典，俄羅斯銀行。這一個日子是很重要的，標示債票經紀們，很有增加的自覺。他們的實行，已經被習慣所證實，大約且被實業發展所間接維持，當罕見的幾年間的太平，令世人覺得他們的力量，到了一七七三年，他們「實行每人捐六個便士，吃盃甜酒，行命名禮，」這個所在，就是新的約拏單(Jonathan)咖啡店，就稱爲債票交易所。

大約此時時機已經成熟啦。在前些年，巴那德爵士因爲他們有詐騙氣味，很看不起他們，到了這個時候，有大名的尉爾克斯(Willces)大爲斥責他們，請他們都入地獄。從前這些人成羣的在矮而多烟的屋子裏擠，人人手上有一個袖珍本子，現在本子都不見了。這羣人裏頭很有幾個猶太人，內中很有幾位有特色的。有一位叫基甸(Guideon)，是一個大經紀，他有一個主顧裝病，基甸不肯對他改年金的價，他說道，「你只管咳嗽，咳嗽也活不到六個月。」還有一個叫羅佩司(Lopez)，是賭彩票的一把好手，他是從西班牙來的，他犯了章程，被罰一千鎊，他却因爲犯章，發了五萬鎊的財。同這樣的實行諸事混在一起的，還有永遠不斷有的行賄賂，議員們受錢，銀行家，經紀們的彩票或債票要發行。下一次危機就在一七八二年。這次的結果就是掛了一塊黑版，把倒帳人的名字登在版上。這個辦法，是很有益的。隨後設立交割辦法，另爲一事。一七九九年因爲有人收買交易所產業股票，意在把持，和提高入會價值，衆人就成立了一個團體，買了一所房子，蓋造第一個債票交易所。

買賣債票就在這房子裏，就得了這個稱呼。

第十八世紀是怎樣日見其要依賴這種新動作，可以從討論英國國債看得出來。

第一次法令承認國債，是在一七〇一年，數目是一千六百萬鎊，這是同若干位債主磋商通融好，和年金已經停付之後，所得的數目。一七一四年國債是五千萬鎊，後來稍微減輕，隨後就是南洋氣泡炸，共總加重三百萬鎊。當時的籌備金還過了八百萬鎊，但是到了一七四九年，總數是七千八百萬鎊。太平年代，却有機會減輕負担，那時候債票起價，乃減輕利息。當七年之戰初發生時，國債減到七千五百萬鎊，到了一七六三年，長到一萬四千萬鎊弱。當美國獨立之戰發生時，國債減至一萬三千二百萬鎊，因爲戰事又長至二萬六千八百萬鎊。到了這個世紀的末年，國債數目過了三萬萬鎊（三百兆鎊），到了一八○七年到了兩倍這個數目。

這就到了債票的正當投機事業的第一次面目的終點。在這個時期內，公債成爲大部分的可以買賣的債票，這個時候仍然有人以爲這一大筆的國債，總會清還的，而且有人籌清還的計劃。他們會作這樣的想念和籌劃，是有憑據的。一七一七年衆議院的議員們「竭力籌辦逐漸減輕這個重負担，這是一件重大而必要辦的事，這樣才能保固公債的一宗實在而有必定的鞏固。」

這兩句新古典派的話，是有所謂而發的，有一部分是因爲曉得作官的人無一個不是明擺着弄錢的，又因爲七年前有三千五百萬鎊公款是無下落的，但是這兩句話的意思並不是以永遠欠債的主義爲然；試看當日發起籌備還債金就曉得當日並無這種意思。再觀窩爾坡爾之言，謂一個國家，担負國債到一萬萬鎊（一百兆鎊），就是死了的啦。我們很想聽他對於一九一七年和以後的財政情形的意見。

英國情形就是這樣。法國也有平行的手續，因爲法權的連貫，完全中斷，是以研究也不甚能得益。同是這樣的大風潮，就把中古時代的建設，委尼斯銀行，熱那亞的聖佐治銀行，阿木斯特丹的第十六世紀銀行，推倒了。自從一七八二年以後，我們就不甚聽見瑞典啦。所以第十八世紀的末日也是在倫敦的小而孤立，只注意自己的信用票市場時代的末日。第二個面目很有不同的特色，一八〇七年英國債票在外國人手上的有一千八百萬鎊，這還不夠總數的百分之三，換而言之，倫敦金融市場還未十分完全變作國際的。戰事使文明歐洲停止工作，雖不完全，（交戰國的人，有法子借錢給仇敵以發財）其廣大却不亞於一九一四年。重新浮出來的歐洲，是一個不同的歐洲。此外還有另一件事，標示一種生活方法的末日。我們已經曉得遠東，南美，和幾處海島和海邊，久巳被殖民大公司所管理，所剝削。但是在北美一部分的東岸巳經有另一國，或幾國的胚胎式的團結，有他的國債，雖並無旣往，却有遠大的將來（前程）。

一七七五年國會批准發行債劵——名爲大陸錢幣——國庫劵，以西班牙銀圓計，總數三百萬圓，有十二處反叛的殖民地担保。我們見得這件事也是這個新國因爲嘗試供應國家需要，才有債票投機的事，這個少年共和國的惟一可以買賣的債票，是自己創製的。過了四年，國會就不得不規定界限，發到二千兆圓。

這個國幾乎尚未起首發展，就發行這樣多的債票，我們可以想像債票必定跌價，所以獨立之戰的需要，只能由幾個分邦（分省）供應，由這幾邦同中央政府算帳。一七八三年國會拿合衆國的信用，作還債的抵押，一直到一七九〇年才把這件事通過立法院。同年頒佈，全數入口稅（除去每年六十萬圓撥充政府經費外）皆應撥作還給外債利息之款（最要緊的是法國的，）或整理之用，同時內債則按認借之數，三分之二作籌備金，給六厘息，每年還本不得過百分之八，由政府酌定；餘下的三分之一，付息還本也是一樣辦法，不過要等到一八〇〇年才實行。

籌還借自各邦的債款的辦法，是募借二千一百五十萬圓，每一筆債票有九分之四是六厘息，九分之二是從一八〇〇年起也是六厘息；但是這兩種也可以聽從其便按照百分之八還本的辦法，其餘的三分之一立刻就可以得三厘利息，但是要等到籌備已妥的按面值歸還。

這一場籌劃的結果，最能給出其後一百三十年美國的進步觀念。這樣的借款沒得人願借，那時候人民居住得散漫，相離又遠，也許不甚相信新政府，不肯認借，政府不得不給國人以較好較爲明白的條款。政府請不肯認借的債主們在財部登記他們的要求，受制於給與借款的利率和還本的辦法。雖是這樣，也無什麽效果。一七九四和一七九五兩年立法院不能不限制這許多手術可以通行的時期，同時用相同的比率籌還內外債，惟外債提高半厘，分季還利，還本聽政府酌量辦理；這個辦法有許多利益，其中一種，就是把還利之事降作在國內所辦的事。

一七九七年政府覺得有從美國銀行借八十萬圓的必要，六厘利，五年清還，有了這樣的條件，還是辦不到。一七九九年借了一筆款是六百多萬圓，八厘息，一八〇八年後清還。一八〇三年借又一筆大款是一千一百二十五萬圓，六厘息，約合買路易斯安那的價錢五分之四強；這筆款是十五年內不能償還。那時候大陸的經濟情形無發展的可能，只好在倫敦籌借，利息在倫敦交付，亦可以換取票據每季在美國取利息。

歐洲所已標示的理財途徑，美國這時候也走這條途徑。若再要任何辦法可以使兩洲理財方法完全相似，就是有一條件：凡是西方賣地所得的價錢，都要取來作籌備還債之用。美洲就是這樣同歐洲的思想相同，當時的人並未拋棄清還公債的觀念，已經有國際的辦法，在倫敦給利息，是由貝鋃們(Barings)的銀行經手，每逢星期三四六日，從十點鐘至兩點鐘支付；且在荷蘭的阿木斯特丹發給。除了公債之外美國銀行的股票亦在倫敦發行市，還有人說「有許多人寧願買這種債票，不獨因爲有增加餘利的好希望，而且他們可以在倫敦取餘利，只要寫一封信請照辦，並無任何減扣的冒險；」這就是我們今日慣辦的「請給餘利」辦法。其中還有一條聲明——「本銀行資本一千萬圓，分作二萬五千股，每投四百圓。本銀行是照着妥慣章程辦理的，已經獲利很厚啦。」

我們起首考究第一百年間正式的債票投機事業的時候，這種事業是在一位蘇格蘭幻想家和一位英國小鄉紳手上辦的。我們結束這一百年間理財事業應引一個人的說話：這個人初時也同羅約翰一樣，是一個幻想家，又是一個當日的鄉下裏的小鄉紳，如同窩爾坡爾；但是這個人的生平事蹟，却比他們兩位更可令人注意。

妥瑪佩因(Thomas Paine)生於第十八世紀，在這個世紀的末年，他是一個

銀行分紅日

他的驚人的貢獻所造成的歷史的預兆，也是他所撰的經濟論的預兆。這正是作堂皇的理想和性命交關的生長的時候，當時有事物從並世的社會的最貧乏之最無希望的根基生長，把毋論任何加諸其上的理想都打破了，如同一條青綠嫩苗將推開或破裂壓在其上的大石一樣。佩因既有異常的人格，又有當日哲學家的理想趨勢，和無立錐之地的羣衆的醒悟的向上衝逼的大力，他是模範最高的一位大投機家。他出身寒微，生在僻遠的鄉間市鎮，既無窩爾坡爾所受過的結實教育，又無羅約翰那樣的天生的冒險性質。他只運用自然的天才，當兩個半球的社會炸裂時候，在成立兩個共和國的時候，他在裏頭作一個重要人物。他創造鐵橋（他的見地太早，在世人之先，至少有五十年，）勸人復古，折回從前的小局面的耕種畜牧，和作手藝，這却是一百年前的辦法，他還居然有閒暇著書討論經濟學。他的著作頗有有力量的先見，以這節而論，他是英文著作中許多大著作家之一。他一生好打筆墨官司，他有兩種特別小著作，不過成爲他的著作如林的一小部分，一本叫作『英國理財系統之墮落』，一本叫作『分配田地的公道辦法』。這兩本書同我們所討論的問題很有關係，是應該注意的。第十八世紀的注意於百科和幾何學，物質主義，免不了的平衡叛亂，和動人的合乎道德之處，在這兩本書中，是永不磨滅的。（我們離該世紀愈遠，這兩本書裏頭就有柔和的陳年意味。）這兩本書於表示佩因個人的模範之外，還表示當時許多情狀。

庇得(Pitt.)在英國衆議院對於法國（法國的大炸裂，已經在緩行又孤立的英國，正在製造傘破崙所介發現的恐怖，）曾發過議論說：『法國已經走到了破產的邊上，還不止這樣，而且已經陷在破產的深坑裏啦』。佩因有好鬥的性質（惟有受過朋友會的教育的人的性質，能夠發揚到極點），把這句話掉過

來，反對這位被人怨恨的大臣，把這句話施於英國

佩因却錯了！佩因根據於加數的級數法，用很費力的理據，作爲結論，說英國這樣的搖動，不能再享國二十年。現在各文明國的國債，無一不是同山那麽高的，我們回想佩因的理據，可以不怪他。卽使以最熱心於公益的人而論，也免不了個人的私感，欲望就發生思想。佩因曾把他的可憐的受了多少困苦蓄積下來的錢，交給華盛頓（Washington）的空無一文的軍餉櫃裏頭，他曾把他賣自己的著作所得的錢，交給政治犯們，他若是難以相信不是美國，而是一個反動派的英國政府，居然能活過來，我們是要寬恕他的。他是錯了，我們能夠笑他的算學，笑他自己寧願過極其單簡的生活，因此令他不能料到用機器有增加出產的可能，生活程度較高就有增加消耗的可能，但是他所見到的地方，好過他的算數。他稱信用是「疑心睡着了。」這是很好的一個界說，不容易找出

一個界說比這個更好的。當他宣言，不論任何整理歸併成爲給利息的永遠債（死債）的辦法，都不過是預期（逆料）的事，投機事業，盡在這一言中啦。他的意思是看輕這種辦法，但是他常是看輕已往的。他在就他所恥笑的預期的事之間過活，他同全數好投機家一樣，他把他所發的預言議論賣錢，捐了許多這樣得來的錢，他曾製幾個鐵橋模樣，辭三千鎊的酬勞不受。他死後五十年，才有人能照樣造橋。他有幾個計劃，爲人類發起一種贍養費，後來很久才能實行。到了一九一〇年，英國的預算案才定爲法律，以前並無任何這樣的規定，這次的預算載有條文，同佩因所提議作爲他的計劃的根基的很奇怪的相似，這是投機家的眞正用武之地。凡是值得嚴重考慮的財政投機事業是要逆料可以的事，要能夠對付數目，要散布所得効果，使舉凡願用這宗效果的人都可以用，惟有這種理財投機事業值得嚴重考慮，或者可以活得長久，久過人類的日見其減少的耐煩，去作渺小無用的煩心和儘可不必的無味的苦工。這都是從伊甸(Edin)所承受來的實在栶害。

第四章　黃金時代

從一七七四年到一八一五年英國幾乎無一日太平。在這數十年間美國打過兩次仗，法國的軍事包括波羅的海與地中海之間的歐洲，這場軍事的重要。在於羅馬帝國之解放，與一九一八年重定國界之間。從前的歷史只是說各朝代的軍事，說到他事的很少，不過數年前才不是這樣著史。如阿里孫(Alison)所撰的歷史說，就是只說這樣的軍事，不甚說別的事。但是國家的經濟方面也是很有意味的。英國的國債增到兩倍，且達到一點，有九十年未曾越過，英國對付這樣地位的資藉實在是多，她的孤立地勢，又這樣的獨異，她的人民的紀律又這樣的謹嚴，英國所操縱的那樣大的債票，是不是在我們投機界說之內，還是一個疑問。美國是另外一宗事案，這是由於其地位和諸多可能的力量；此外還有正當的歐洲地位。

拿破崙在軍事界裏頭是很活動的，這是人人都曉得；但是他在經濟和政治界裏頭，也是一樣的活動，不過到了較爲新近，才有人曉得這件事實的重要，他所用的許多突如其來的手段，就產生投機空氣。他不獨造路和定法典，他還創造一宗國際的經濟政策，爲巴黎債票交易所定基礎。他爲自己製造許多仇人，其中有一個將來是很有名的，這個人所產生的子孫們，和他所立的功業，比拿破崙結實得多。今日理財變作國際的事，也是發生於拿破崙看不起諸小邦的諸位，毫不留情的，把他們掃除了。拿破崙時代的投機歷史的背面，就是洛司柴爾德(Rothschilds)們發達。

在近代財政上的投機事業中，猶太人的權力，是一個有辯駁餘地的元素，是難以規定的——只好難以準確規定開通蘇爾士(Suer)運河的潛力，生金的產生和吸收，或日中黑子與五穀收成之間的相離更遠的關係。洛士柴爾德的發達，是一件很特殊的事。他們不是無名而被窮逐的人，從英國被驅逐就到了西班牙，被西班牙逐到荷蘭，從荷蘭又回來英國。其中却有哥德士米特(Goldsmid)和基旬 Gideon 兩個人，是第十九世紀初年的人物，但是洛士柴爾德不久就取得更有體面的地位。我們可以說他們是重新介紹國際借款的人。初時的銀行家，例如「倫巴人」Lombands 們，斯賓諾立 (Spinoli)，佛刻 (Fugger)，和諸多團體：借款是不問種族，或語言的，但是他們居多在未定民族之先不甚是國際的，因爲民族觀念到了第十五世紀才起首有顯明發現，到了第十八世紀的初年，這種觀念不過是有比較上的謹嚴，自此以後，毋論任何一個外國政府在倫敦或在巴黎借債，原是一件令人詫異的事，普魯士向阿木斯特丹借債還拿破崙的賠款，原是一件可以注意的例外。猶太人們就在投機的這許多界限之下，在暗地裏作買賣，靠他們猶太種人的注意語言，和與他族不同的心理作買賣。但是不久洛士柴爾德們把國際籌款事業升高一步，政府的近代清理財政，大約就是從這一升高的時候起的。拿破崙時代產生許多機會，他們就利用這種機會，和他們兌換錢幣的特殊本事；這樣一來，就推翻國幣界限。

在第十八世紀的法蘭克福（Frankfort）如同在任何其他日耳曼市鎮一樣，猶太人的種族和宗教就爲他們之累。當舊時宗教上的成見消滅時，各國仍然窘逐猶太人，我恐怕這是因爲各國的人妒忌他們的本事，和他們的辦事得手。法蘭克福，與他處相同，有猶太街，是一條窄而塞滿人的街。猶太人都關在這裏居住，他們一走出這條街，若不吃強暴的虧，至少也要受羞辱的。奉基督教的流氓們在街上碰見猶太人就要說，「猶太人，你要盡你的職呀，」這個猶太人若是伶俐的話，就要對他脫了小帽行禮。倘若他願意躲避這種人的話，他只好躲在猶太街裏不出來。

按照古時的習慣，那時候有許多人連數目字都不認得，門口是沒得門牌號數的，只有符號作分別。有一間屋門口掛了一個紅盾招牌（洛士柴爾德的字意，是解作紅盾），屋裏住的是一個阿木斯察爾（Meyer Amschel），他是一個猶太人，雖然不是一個囚犯，却是答應過永遠不逃走才得行動自由的，那時候許多猶太人都是處於這種地位的。既不許他作手藝，又不許他種地，惟對於金銀錢幣，他却有猶太種的特別謹慎和本事。他於是逐漸積蓄了各種錢幣，他還是一個古董商的路數多，今日的銀行家的路數少，因爲這個緣故，他首先得着一個人的歡喜，這個人從前當過一位日耳曼小諸侯的先生和總管。這位小諸侯在王侯譜內，弄了些手段，就變作黑森加塞爾（Hesse—Cassel）選侯。

那時候武士道的時候早已過了，所以到了第十八世紀的末年，小諸侯們沒得什麼事好幹，只好盡力想法子弄錢。那時候有打仗消息，這位選侯很曉得有比打仗還要好的事。他的心目中只有諸多投機的可能，就把他的軍隊出租，有時候租給這一國，有時候租給那一國；尤其是願意租給英國。英國同北美打仗，是一件不洽與情花錢很多的事，就租用這位小諸侯的軍隊，兩造有過許多交易。當拿破崙蹂躪小諸侯的世界時，這位選侯就要找他的法蘭克福朋友幫忙。後來這件事却生出許多無稽之談：其中更有趣味的一說，說這位選侯是一位仁慈的老頭子，當拿破崙入犯的時候，他把許多包紮好未曾打開過的金銀器皿，交給一位很會諂媚的洛士柴爾德保管。這樣無稽之談，原是人們努力要覺得這個猶太人是應該這樣的。却有許多事實證明並不是這樣，其實這位選侯退化得很快，從一位被專制霸道的人所圍，就從一位武士變作一個英國的鄉紳，却無他們的儀容，跑到外國，把契據都交給銀行家。他的箱子太大，原想存放二十件的，只好存放四件；裏頭都是政治和財政文件，借款和條約的證據。猶太街內的掛了紅盾的房子原是一所老房子，有很多雜亂而相連的地窖。阿木斯察爾因此就能夠窖藏他的高貴主顧的一部分財產。這是當恐慌時代很單簡的慎保財產的辦法。因此而發生的較爲成體段的謠傳的根基，原屬於十餘年的苦戰，從法國被圍，打退敵軍，建立奇功起，中間經過第一帝國（指拿破崙稱帝時代譯者註）幾乎一統的時代，以至於聯軍入巴黎爲止。我們不曉得洛士柴爾德是否由於好運氣，抑或由於猶太種的先知之明，他却是幫聯軍的。他多少曉得，假使他不是這樣作，法蘭西皇帝歡迎他和後來對待他是絕不會那樣的，滅了日耳曼諸邦，和入犯來因河兩岸諸地，他是要受損失的，但是他的深透見識，超出這件事之外。

在猶太街的小屋子內，有五個眼睛發光的孩子長大啦。法國的委員團，搜查這所舊房子，却並未看見地窖裏的許多分區；看見這五個人同住在一間小頂閣，擠所無餘地，他們不久就不必住在這裏啦。他們的父親替他們籌劃好啦。他們是不許入學校的，受過很少的教育，寫得不甚好，說話總帶着本族的腔。他們年紀到了，就出來辦事，最長的亦名阿木斯察爾，是個勤苦有恆，却不甚聰明的人，他父親叫他仍然住在生長的地方。拿丹（Nathan）是最聰明，他父親就派他到曼徹斯特（Manchester），他不久就遷往倫敦。聖斯尉廷巷（St. Shithin Lane）的大字號，就是他手創的。詹木士（James）在巴黎，其餘兩個兒子在維也納和那不勒斯（Naples）設分號。有人說這個老頭子瀕死的時候，把歐洲分給他幾個兒子。其實是當他未死之前，他極其聰明的逆料到世界各國的命運，他就把兒子們分布在某某國，以便他們彼此最易於相助。經他分布之後，果然是倫敦和巴黎兩個字號建立最大的功業，法蘭克福特和維也納次之；那不勒斯的分號我們今日不復聽見了。洛士柴爾德同那位選侯有關係的大事，其實不過是拿丹把選侯的財產，買了英國的整理歸併的好債票。洛士柴爾德心裏很曉得拿破崙絕不能蹂躪英國的，這是無疑的了。

這就是投機再進一步。老阿木斯察爾積蓄了許多金銀錢幣，開了一間銀行，却是另外一種性質。既不是本國銀行，亦不是政府銀行，又不是政府監理的銀行；又不是本地的銀行，如我們所習見習聞的北美和西歐的銀行；是一間出借款項的銀行，從借軍費，逐漸改作借公益費用的。其他字號，不及這間銀行這樣著名的很有，却沒他這一家那樣的有趣味歷史，也沒得這許多的分支。貝靈（Barings）們的原始同他的一樣，却早過他，與他齊名。繼他們而起的，却是較爲專門的國際銀行或經理處，與公衆財政買賣貿易票據，歐洲及他洲的進步較慢諸國的幣制需要有關。他們的全數的理財營業與較爲顯著的諸國的銀行系統，微有不同。在頗長的時期間（其實幾乎到一九一四年），這樣的字號是專辦外國幣制的債務，或英國的海外貿易的財政，現在已被英國「五大」銀行所侵佔，和較大的美國銀行，和一兩間總行在德，法，義，三國的所侵佔，全是有國族性質的。在彼一方面，洛士柴爾德和同樣的國際銀行，應該稱爲借債字號。因爲他們向不嘗試攙奪存款銀行的地盤，在近代的大市邑，這種銀行是我們習見的了，設立許多分行，直接吸收小存款人的和零賣店鋪的款項。借債銀行的分行，惟設在較爲重大有人借債的中心點。

洛士柴爾德字號的最有名的，就是拿丹，在財政投機的第一市場中很是一個人物（指用國際方法買賣國債），自從他初次顯名之後，他在這一個世紀中，他所作的事，發生無稽之談，比他的父親與選侯的關係所發生的還要荒那，這個兒子在倫敦的較爲自由空氣中，留傳更能深入人心的印象。有許多作者都述過包圍他的行爲的故事。有人說滑鐵盧（Waterloo）之戰的消息，是他先得到，在英國政府之先，這也不算什麽稀奇，因爲官牘必定要經過官家的機關的。當他赴大陸辦事的時候，他死在大陸，據說當時傳他的死耗，是用鴿子送消息的，只送『他死了』三個字。到證實的時候，債票交易所很無起色，過了好幾年才能恢復。但是他的重要，在乎他是中古時代的猶太街（是他生長之地）與近代的準確簿記及信用流通之間的過渡。他保全一種肅穆性格，常怕被人暗殺，這都是他從猶太街得來的。他所貢獻於近代的，就是他的異常的先見之明，和聚精會神的力量，假使當日沒得他這個人，和與他同等的人，和繼起的人；我們是否能夠有『蘇爾士運河』和『多茲（Dawes）計劃』的便利，是否我們必定要有他們這班人然後能辦到，這是一個很有意味的問題。開闢世界，和世界上諸國之互相聯絡，原是幾位大建築家的事功，他就是其中之一。這件大事業有一部分停頓了，有一部分是在維爾塞(Virsailles)和他處實行。

我們已經概論第十八世紀的債票投機史，準確言之，是已經概論從國立銀行發起，以至國際時代的破曉之間的歷史，論的就是佩因的格言『信用是疑心睡着了』。當財政上的第十九世紀，以這個時期包括一八一五年與一九〇一年間的諸多事變，疑心是居多睡着的時候，却有過復現的惡夢或諸多大翻騰，往往令人追憶氣泡公司炸裂的恐怖時代，其中的差別，不過是後來有增加的知覺，用較爲胆大和較爲有閱歷的步驟，以恢復信用。其實各政府好像是起首承認必要保護維持投機家。他國姑且勿論，以英國而言，投機家向來都是被詛罵的，至於每次鬧恐慌之後，議院的辯論和立法的目的，居多以爲是爲『合法律的投資家』而設的。

第十九世紀很顯明的是英國的世紀，英國得力於她的不受侵犯地勢，得力於她的實業組織在早，又多少得力於一班不奉正宗（多數是朋友會的人）的理財家的天生的正直，我們若要求得最能啓迪的明證，必要求諸英國歷史，尤其是要求諸倫敦的諸多理財字號的歷史。

第十九世紀一開端，英國的軍務卽使不如一九一四年至一九一八年間的那麽嚴重，却是拖得很長的。等到講和時，反動是很烈的，同時所設的方法預先對付和節制這種反動，却是較爲老實較爲簡率，由此後一百年間的民族的自知的進步，就可以曉得，有二十四年停止兌現。國債是異常的增加，三十年間的戰事效果，很激動貨物投機，不亞於我們這個時候。我們原可以詫異，只是諸多金融爲難，爲什麽就不夠發生嚴重的擾動。此外還有新世紀的心理，這個世紀的經濟歷史，受一阻的危機（稱爲信用循環）所標記，我這本書的範圍，不容我對於循環的原始，及在所不能免之故，默讀者以新學理，這種循環與我們的主題相關者，表現其是極多增加的便利的自然效果，如是的諸多便利在某種人的手上，他們比他們的祖先，不過略爲多些公益精神，略爲聰明些。他們的祖先們，不得不憑閱歷才曉得解放這許多古時約束和廢除這許多特別利益所發生的效果，美國相離太遠，很在那裏忙自己的事。英法兩國原是第十八世紀末年競爭的經濟方面最重要的登場演戲的人，到了這個時候，表現方向不同的發展。英國的朝代問題是固定了——仰賴於極其細微和意料所不到的環境，才能夠固定的，今日讀史的人，讀到這件事，才曉得是很危險的，氣都喘不出來——繼位的是一位女主，在位六十年。律師們有一種理想，說他們若是幫女人打官司，一入手就有策略上的利益。倘若這種理想是對的話，凡在這六十餘年間在英國反對奠定的朝代的人，是很失利的，況且在這個時期間，英國的民族生活的外象，已被一種不同的習慣鑄成，所以後來朝代的事體，不復成爲重要啦。法國却不同，在七十年之間，屢易朝代，兩次變作帝制，一次變作君主制，三次變作共和制。戰事所發生的風潮雖利於投機，發生於政治理想的風潮，不過令法權無定，因此信用亦變作無定，凡是大規模的投機，必以信用有定爲根基，况且這時候法國的大部分田土已入了小戶的耕種家手裏，從紙面上看來，法國仍是一個很富的國，財富是分配得很勻的，據事實而論却不然，法國的組織却不甚合於投機之用。

由是發生英法兩國的財政上極其不同之處。英國操縱信用工具和投機機器，比諸法國雖發展較爲廣遠，但英國的理財歷史中，却有較爲多數和較爲嚴重的風潮。法國的理財歷史却不然，有較大的穩定，和發生於信用翻騰的較少普通效果的標記，習慣的運用投機，居多在少數的專門家手中。

倫敦債票交易所第一次重大的國內的危機，發現於一八二五年，雖是發生於戰事時代的諸多情形，其重要原因，却是新用蒸汽作發動力，度吉(Duguid)的記載說，在一八二四年間，有一百五十六家公司都試辦這件事，招集資本所發行的債票共合四千八百萬鎊，已交的有三千四百萬鎊。當市面興旺的時候有六百二十四家公司要招集三萬七千九百萬鎊資本，及市面坍塌過之後，仍有二百八十三家公司，發出的債票共合一萬五千萬鎊，已交的是四千八百萬鎊。有六十七家公司連影子都看不見啦。關於這件事，著作家所引的數目微有不同，所說的辦法尤爲不同。但是都掩飾不了這種新現象的嚴重情形。自從一七二〇年以來，也曾有過恐慌，但是今昔不同。到了一八二五年英國的情形不同，恐慌不獨波及集中於倫敦的獨一門類的人，和追隨他們的人。情形是改變了，當時吵得很熱鬧的本國主義已經有了國際的效果，這是很像背理的事。這件事的情形可以叫作嚴重；求免於將來再發生這種事的預防，可以叫作緊急，然而這個時期的擾亂，不過是一串這樣擾亂的發端，在七十年中，這種事並不減輕其重要。

這一百年自然要分爲兩個時期，第一時期在維克多利亞(Victoria)朝之先，這一時期，緊急奮鬭要求個人自由和重大的擴充民族知覺時期。那時候法國還是波旁(Bombons)朝在位，美國仍在密士失必河之東，有六七家銀行。我們今日讀當時討論經濟的著作，就得有一種印象，好像那時候是一個社會很錯亂的盤頓其自身，以適合於新情形。從前還有人記得財政部的籌子，都是一橛橛的木頭（有幾位名家説Stocks（一橛橛的木頭亦稱債票）這個字，就是近代稱一張票代表多少錢的債的新名詞，與分開一股一股的股票有別。）木頭上有刀割的缺口，表示執這條木橛的人所借與政府的數目。信用交易膨脹到這樣大，自然在全數人的心中，發生很深的印象，往往發生不良的印象。他人姑不必論，有一位尉爾聖孫（Wilkinson）心裏就很不以爲然。他在一八一五年起首寫一本書，討論關於公債的法律，因爲他的康健，餘暇，和自己所執的專門職務，覺得他寫這本書太過辛苦，一直等到一八三九年才能脫稿。我們必定要相信，他因爲這個時候英國的國債有恆的慢慢降低，他覺得很高興。我們能覺得英國人之相信三厘公債的根據，大約就是在這個時候。歸併公債就是這個時期的許多有標記的特色之一。公理法庭的裁判官們，對於兩種公債，還定一個差別，卽謂三厘息的歸併債票，在這個時候已經是歸併有一百年了，此外還有後來合併的公債，成爲英國的頭等公債。第一次的法國借款是一八一五年在倫敦募集的，這就標示推廣市場，因爲從前只有帝國的年金債票，由英國稅收項下供給利息，這是很樂於從事的事，因爲這一筆債，是當英與兩國的利益長期聯盟時候所舉的。這件事表示第十七世紀與第十八世紀的差別。其實當一七三〇年有人提議借款與日耳曼，曾被倫敦禁止。到了這個時候，却大不相同啦。普魯士，西班牙，那不拉斯的借款，受洛士柴爾德的大力保護，相繼而來；還有招募俄款丹款的事，都辦得很得手，於是就發生「外國」債票交易所，有好幾年是原底的債票交易所的分支，後來就被老交易所所吸收。在這個時期，我們是最早看見常有買賣股票的事，這另是一件事，與買賣英國或其他政府的死債而發給有定利息的債票，或政府督辦的事業的債票不同。「大陸煤氣公司」，外觀的發每股十鎊的股票，每股加收兩鎊，「公平借款銀行」所發出的股票，每股要加收五鎊半，這兩件都是值得注意的事。

各種各色的公司都公開的借債，以為實行開挖運河之用，不久就為鐵道計劃所掩有一條是在太晤士（thames）河上走過的鐵路。因為這許多營業，發生無窮的官司，求法律裁判。從前過戶和取息，是要自己親身走到英國銀行或南洋公司的，當時原是不得不如此，因爲當時倫敦保持其推倒一切的第十八世紀的重要地位，後來北方的實業發展的最初的朕兆發現，就不能不設法求手續上的便利。由是逐漸發生，後來用法律證實，各種法律文牘，籌備穩妥和迅速的過割辦法，滿登在當時的法律報告書。同時又有同樣手續是關於在巴黎財政部辦利法國的巳歸併的公債事務。洛士柴爾德自然是最重要的運動這種事的人，運動在倫敦按照定率發給餘利，不必要經過許多手續才能夠支取，其實是外國票據的利息。在這個時期，有一件頗奇怪的事，有一位哈巴(Haber)伯爵在朴次茅斯（Portsmonth 英國海口）募款，廢在位的西班牙君主改立卡羅斯（Carlos)支派的人，債票却在阿木斯特丹發給，一個要篡奪西班牙君位的僞主，却在這種地方借發款項，豈不可笑。一八三三年還有一筆希臘借款，有一部分是英國

南洋公司騙局

担保的，這却帶點擺倫(Byron)的已經失敗的浪漫舉動的味道。南美諸國，如巴西，倍諾斯愛勒(Buenos Aires)，危地馬拉(Guatimala)，哥倫比亞Columbia)。墨西歌(Mexico)，都曾借款。說到除外洛士柴爾德的利息辦法，法國的手續與英國同，重要的政府債票都是掛號註册的，要個人自己親身取餘利。荷蘭和丹國的財部用債票帶息票的辦法，俄國在倫敦設經理處。

讀者已知一八〇七年公衆所能投資買入的債票目錄單是很短的，大約全是政府債票，和政府所担任的事業的債票，或發生於政府舉的，如早年的兩間保險公司的債票。這幾樣限於選擇的債票，已經可以叫作「正式合格的債票，是一八〇三年歸債票交易所的委員團經管的，一八一一年登行市的英國的債票，已經有二十種，到了一八一五年就有三十種。同在這時期巴黎的債票交易所，也發出同樣的行市單，在一七八九年不過有十七種，現在却有了二十種，柏林有十一種。倫敦的單子是很古怪的，令人追憶早年的形式，是其他機關，啓意單子的先鋒，所表示的，不過是一張普通行情單，列出外國匯兌率和煤等等的行市。當一八一六年訂立和約時，第一次列外債行市，列入的是法國，普魯士，俄羅斯，奧大利，西班牙，所借的債。這時候很奇怪的登美國運河債票的行市，跟着就是愛爾蘭的債票行市，和運輸，造橋，造船塢的營業和造鐵道的債票行市，此時辦公益工程的債票行市初次發現。新河公司的債票早年已有交易，現在繼以自來水工程，加上新發起的保險公司。

我們顯然見得進步太猛不能持久，在倫敦債票交易所買賣的較爲靠不住的外債有二千五百萬鎊，絕未發過一文的餘利。有人核算過，在這個世紀的頭二十五年間，輸出國外的款有一萬萬鎊。我們不能怪這樣誤用精力的事，必發生嚴重的坍塌。幸而國家的元氣如是其強健，收成雖不好，過活都要受限制，在一八三〇至一八四〇年之間，還接連的推廣新市場。有幾間最結實的英國銀行（後來造成今日五大銀行的），都是從一八三四年起成立的。緊隨在他們的脚後的，就是歸併蒸汽運輸的營業，這是已經試辦過五十年的。就有許多人很熱烈的利用籌款的便利，無一方向不發起公司。倘若最初的危機，一八二四年和一八二五年的，大端可以追溯於我們今日所謂戰後的空氣，頗像我們今日的「賠補」爲難，一八三三年的危機，就是我們灌氣（即謂亂發不兌換劵，譯者註）的時期的背面。我們現在要略論第十九世紀第一個時期投機事業所遇的諸多爲難。

英國的能買賣的債票市場的長大，並不是一帆風順的，又不是無障礙攔阻的，這是一件事實，有許多人有時竟忘記了。在一八二五年戰後的危機，與一八三六年第二次的嚴重的信用不通的危機之間，交易所的會員數目，實在是減少了。這件事不一定是由於單獨一種原因，是由於多種的原因，其中一種就是第一次大擴廣借給外國政府債款的市場，這件事不能不發生效果。從南美以至於希臘，出借債款的各國的行爲，也是一樣的不能令人滿意。一八三三年阿真廷那（Argertina）不能還債，同時諸小國，哥倫比亞，和危地馬拉，同債主們磋商，打官司，足足有六十年。因爲這樣我們才第一次聽見外國債的債主們的議會。原始的希臘借欵，一直要等一八七十餘年間，才算是一件妥當的投資事業，與投機事業有分別，歸併的國債，已經變結實啦。市價雖然不如後來那麽高，那麽穩定，我們能夠看見，大約這個時候，對於英國所發行的，尤其是法國俄國美國所發行的國債的極其不同的觀念的效果。

說到歐洲幾國所發行的國債，雖然說在交易所場外，仍有可以反對的辦法，現在所施行的公開辦法及章程，至少也劃一界綫，分開顯然靠不住的，和有理由可以相信是靠得住的，——因為毋論什麽想得最透徹的公債，也不能免於人力所不能駕馭的偶然發生的諸事和諸多改變，亦如我們渡大西洋之不能操縱天氣。一八三十餘年間是趨兩極端的時期。一個借款雖可以是洛士柴爾德和貝璽們所承辦的，却免不了販客們附在這些大字號身上，四出騙人，卽求諸今日較爲暗晦的桶子鋪的手術（指交易所外的小販們騙人的債票股票買賣，譯者註）也比不上他們那樣欺騙。我們有理由可以希望英國人或美國人今日較少上了眞正騙子們的當，這種騙子廣登告白騙人，他們並無什麽東西，假使是有，也不過是不値錢的東西，這種人不過是說謊騙錢罷了。另外有一種是貪財，糊塗，或毫無知識的，小投資家，這種人好聽那些倒了也無損失的人的話，或因立刻想發大財，很好買他不曉得情形的債票，這種樣的人政府却難以立法保護。傻子們有了錢，我們莫如趁早勸他都送出來，這是爲公衆的政策，是不是應該照此辦，却是不容易答覆的問題，我們若要拿道德和經濟教他們，和保護他們的爲難，惟一可想的辦法，已經被羅斯福(Roosevelt)發達過——「他說我們所能求政府的，只是要政府查明那紙牌不是預先擺好了騙人的」若要更進步的保護就要政府很費事的限制投資啦，現在許多政府都完全沒得預備，現在諸多文明民族不獨是關於這樣的事未受過好教育，而且我們現在還難以找出適合的辦事團體，其爲公益的精神和遠見，足以執行這種職務的。但是一百年前的空氣同這樣的幾個問題相離很遠。關於第一次的希臘借款和後來許多借款手術，爲西班牙葡萄牙廢立君主題問而發的，其令人却步之點在乎任人組織，籌備刼掠的隊伍出發，居然出發反對並不同英國相戰諸國，這種動作的重要用意，就是把抵押不足的債票的責任，卸在投資的羣衆身上。世上常有，多年之後還許尙有，如馬格拉戈(M'Gregor)那樣的騙子們，他不獨募成二十萬鎊的償，在莫斯給多（Mosquito）沿岸的一部分開闢一個新殖民地，還引誘人帶同眷屬從利斯（Leith）乘船赴這個新殖民地。這次僑民出發所遇的命運，，與一百五十年前更爲慘酷的德利英(Darien)出發所遇的相同。但是我們要記得，那個時候美洲相離尚遠，人衆還不甚曉得那裏的情形。不久以前，曾有過籌備一種出兵，幫助新發生民族主義的希臘，自今日觀之，好像與我們相隔不止一百年。這次爲自由起義兵，誠然是榮耀，却害了許多人。這次爲希臘出兵的辦理不善的舉動，和投機事業，糟蹋了一百五十萬鎊，當下不曉得是因爲土耳其動不得，抑或是因爲提倡希臘獨立是一件公道的事，這個少年民族，居然生產或再生啦。凡是有耐性和精力活到這時候的，於一八七四年，在希臘嘗試獨立之後五十年，居然能夠借到一款，倘若和原始的借款有很少的關係，至少也是一宗承認，承認進步依賴於借款辦法的神聖，這時候葡萄牙和西班牙還沒得美洲的陪晦不顯，也無南洋或希臘那樣外加的迷人眼目。裴得祿（Don Pedro）要篡葡萄牙君主的位，有人說倫敦債票交易所的失業經紀，籌了一筆款，供他出兵之用，還籌其他款項，專爲在倫敦鼓吹葡萄牙借款。這是一件極可注意的事，他們引誘人的話，就是說在位的君主不願而且不能還現有的債的利息，裴得祿却願意還，而且能還，軍隊一到，就攻倒奥坡托（Oporto）這個軍隊裏頭有許多英國人，拿英國人作後盾，因爲得勝，又在倫敦發行八十萬鎊的債，其後又發行二百萬鎊。卡羅斯（Carlist）黨的嘗試奪取西班牙君主之位，也是有在倫敦招募的不合規則和未奉過命令的軍隊幫助。這件事體並未成功，但是已達實在目的，卽是在市場使西班牙葡萄牙兩國的債票大起大跌。洛士柴爾德字號，因爲效力於波旁（Bonrbon）的舉動已經受過損失，有人說坡林雅克（Polignac）借款令他們損失三成。但是繼葡萄牙和西班牙的冒險之事而來的外債行市普通均塌，凡是投資的人，都受損失。最奇異的事無過於當時的較貧的英國人或蘇格蘭人，願意把錢借給外國，我們也不容易指出充足的理由。必定是無知識和貪利，我們還須記得，這個時候是一個重要的國際時代。拿破崙已經掃除了許多種族和土地上特別權利的障礙。當拿破崙一倒的時候，全個世界都在巴黎或維也納相會。況且那時候國內投資，並無很大的用武之地，這都是後來的事。其實從外債恐慌這一年起，英國諸多銀行很鄭重的起首作爲合資的營業。

這時候不獨銀行，還有保險公司的債票，因在市場買賣，「王家交易所」及「倫敦保險行」是投資家所能買賣的股票，遠在組織今日所謂倫敦債票交易所之先。還有人說一七一四年曾發起過一間「聯合保險行」，這個市場的生長的諸多爲難，並不是純粹發起於財政上的考慮。等到已經深入第十九世紀時，在歐洲諸國，法律團體才肯承認和幫助生命保險營業，從前却是很奇怪的不肯承認。況且保險行與我們殊無相干，因爲他們所作的投機事業，並不是財政上的，然而在第十八世紀的末後十年間，曾成立斐尼士（Phoenix），斐力干（Pelican），那利支（Norwick）聯合社，和薩洛普（Salop），保險營業與私開的銀行相同，原是數見發生的，似乎是在各省自然發生的，不必等倫敦的動力，「太陽」保險公司就是一個很早的榜樣。「飛鷹」公司是一八〇七年發起的，但是在一八二〇年，仍是只有二十家合資字號。一八二四年市面興旺，增多許多家——洛士柴爾德所發起的「聯盟」，「教士和醫士」，「普通」，「王冠」，「保傳」，「曼哲斯特」，「法律生命」，「標準」，「約克州」（Yorkshise）保險行，都是屬於這個時代的。後十年間繼起的是「利物浦」，「倫敦」，「地球」保險行。

一八三七年的危機，是第一個有標記的國際危機，美國窩爾街 Wall 所受的損失與歐洲各中心點所受的比例上相同。普拉特（Pratt）曾用妙文，描寫早時窩爾街，和從美國議院發出償還年費債款的債票，一羣經紀們怎樣在樹下聚會，和唐丁咖啡店裏的託經紀買賣債票的人們。這樣不成形式的聚會的會友們，不久就爲自己製造必要的機器，以便買賣第一次的公債和他債，紐約的精神發起在倫敦之後一百年，這時候起首令人覺得其力量，助以各種暗晦潛力，氣候，新情狀，這是一個文化的喚起，這種文化要從一個英國殖民地的本有的孤立主義改作新民族的顯明大陸主義，在倫敦之後不過四十年，在一八一七年，紐約就有了經紀們的正式會，有佣錢表。一八〇一年，有一位卞雅明（Benjamin）發出一張單子，開列四種美國債票（改變一七七四年大陸錢幣所餘的），三家銀行（「合衆國」，「北美」，和「紐約」銀行），三家保險行（紐約，哥倫比亞，聯合）。那時候也免不了擾亂。不過三年前，即一八一四年，英國兵隊攻克華盛頓地方，發生一種地位，與前七十五年雅各（Jacobite）黨侵犯英國時，在倫敦所發生的地位相同。這是新造諸邦的組織的薄弱所發出來的非人所能爲力的環境的恐慌，諸邦的出產旣幼稚，又組織不良，要担負極重的債，印行鈔票，或限制航海，似乎好過必要的抽稅計劃，或振興正當的進口物，隨後還有一八一八年的危機，以諸多幣制的爲難爲重要原因，大約各國都要閱歷過一番紙幣跌落和任意節制財政上諸元素的痛苦，然後能夠明白過來，乃能曉得這樣的諸多元素同地水風火一樣，都是自然力，不能任意節制的。況且美國銀行的第一次特准期限已滿，發生許多第一國立銀行，這些銀行也同其他建設一樣，並不是一生下來就得了完全智慧的。此時紐約的至高勢力，尙未達到最後的鞏固。要等到一八二五年，菲列得爾菲亞（Philadelphia）從前所得的至高地位才停止；從前在這裏投機家也是在「商人的咖啡店」聚會。舊美國銀行到一八四一年才收盤的，那時候有許多財產到了吉剌德（Girard）手上，現在還有這個字號。所以第一次眞正國際危機是在一八三七年，英國的危機，其重大的原因也許是因爲招集合股營業推廣。在美國的危機諸多原因，却較爲單簡——較爲可恕，英法兩國是有過警告的，美國是大聲疾呼的要開闢，未到成熟時期，就造了許多鐵路，開了許多運河，買地的價錢很高，後來在同此世紀之內，並未再達到。大概而論，根本上的原因都是一樣的，新闢了許多市場，時人却不能善用。當時在美國還有不好的收成和幣制的亂雜，同時在英國，可用的信用機器，却不能支持新資本的要求。

當下英國的諸多重要投機市場之一，正在逐漸發生，當一八三十餘年的時候，造鐵路和募集資本，曾有各種的開端。坐火車旅行，原是近代人生一件頗舒服的事，鐵路之成功，却有大部分是由於機會。飛機運輸是得自一九一四年至一九一八年的努力，鐵路運輸，却並不得力於拿破崙之戰，也不是自然發生於普通用機器以製造大幫貨物，鐵路運輸，已經有過五十年的試辦，軍事，財政，實業都不注意鐵路，失之交臂。造了鐵路之後，人們所更爲注意的事，是組織完美，行走得快的馬車旅行（今日聖誕節片還有這種的繪畫，描寫古時安樂時代的旅行，小說家都描寫這種的旅行）和開運河，比從前更注意。他們當日反對鐵路的理由，我們現在不甚能成造什麽觀念，英國早已同大陸各走一路，因爲英國的地土，都是在大地主手中，或在租人土地的人的手中，沒得農夫這類的人啦。所以花最少的工本作最大運輸的事，在英國是辦不到的，不同後來在俄國和美國及他處所能辦到的，第一條要考慮的事，就是本地人反對。市鎮同鄉下是一樣的反對。有許多人繞路築路，靠鄰近地方養路，買地花了許多錢。威靈吞（Wellington）公爵所居的地位，是古今無比的；他曾發表意見，說火車只要走得快過每點鐘十六英里，就發生空氣壓力，是人類受不了的。還有一件更不好的事發生啦。有一次在曼哲斯特不遠的地行演試火車，要實行演給議員們看，有一位哈斯啓孫(Huskisson)，是一位很有名的進步派，不小心走到火車頭面前，受傷身死。這件事的效果很大。自當日讀聖經反對法國的英國看來，這是人們存聖經所無的思想者的必然命運。英國旣處於這樣不開通的地位，而鐵路運輸居然告成，這全是投機派的功。

但是那時候已經有一個大人物出現，以投機方面而論，比得上第十八世紀以後的任何人物，在窩爾坡爾之後，是第一個人物，在財政投機界，現這樣的本事。這個人是純粹英國產。哈得孫(George Hudson)是天生的一個鐵路大王，後來居然造到鐵路大王。他十九歲在布疋店當學徒的，二十八歲承受三萬鎊財產，全數投資在北中鐵路公司。他不得不這樣作，政府債票已穩定了，合資銀行既不是寬大的市場又不甚爲人所深知，已經被好似國立銀行系統所壓，又爲結實習慣所束縛，不然就爲法律所束縛。保險營業的市場正在幼稚時代。說到實業，自這樣的心存投機的少年看來，可以說是無有。約克銀行公司和孫德蘭運河公司的成立，誠然曾有過他的事功，但是這都是枝葉的事，沒得什麼人記得。他用五十萬鎊的資本發起約克而立丁鐵路 (York of West Riding Railway)，一八四一年，劃大北鐵路延長至柏立克(Berwick)自己個人担保六厘餘利，居然辦成。一八四四年他變作中路鐵路公司的委員長，這個公司的資本是五百萬鎊，一八四四年，他反對政府監察鐵路。一八四五年他的鐵路債券是三十萬鎊，可謂善用十二年前所承受的遺產啦。他在約克當過文官，頗有名聲，因爲他有許多手術，不能不住在倫敦。後來他當孫德蘭地方的代表進議院，有一個主張限制粮食入口派的人，有哥布登(Cobden)和布來特(Bright 這兩位都是當時頗有勢的議員譯者註）幫助的，却被他打敗了，泰晤士報很被他的打勝仗所深印，特爲發專車，未置鐵路的地方就用快馬，路程是三百零五英里，八點鐘就送到消息。一八四六年就是他自己的和鐵路投機事業的最盛時候。這一年造路資本據說是花了一萬三千二百萬鎊。市上的股票不過比政府債票居次要地位，這種情形不是哈得孫和並世的人的頭腦所能了的。第二年鐵路證劵跌價，是這一世紀的諸多重大危機之一，却與外國諸事或戰事無關。哈得孫在好幾方面立過奇功，但是市面蕭條却發生更爲細緻的心理，就有人査出當合併兩條紐喀斯爾（Newcastle）的鐵路時，他憑空造出一萬四千未議准發出的股票，自己留了一萬股，後來得了十四萬五千鎊。當他被請幫助支持不住的『東數府鐵路』時，這條路既無煤又無羊絨實業鼓舞運輸，那時候又無如現在那樣多數的工人住處同末站相近，他從這條路的資本項下，花了三十萬鎊發給條利。他作這件事體，有無同謀的人幫助，是否因爲無今日的查帳和公開的辦法。就可以遮掩過知，我們今日不能曉得啦，恐慌過後十二個月，他還能維支着不敗露，等到一八四九年，謠言很多，各處的損失很嚴重，於是派考查委員會，逼令他辭職，逼他退出那條鐵路的幾個經理部。這個時候查考過他的行爲的報告書，尚未引到控告他；只限制於宣布他欠幾個公司的債。他的對付辦法，就是定一個辦法陸續按期還款，而且敢於在議院說一篇話，解說他自己，聽者却不理他，一言不發。但凡是富於感覺的人，當以這種待遇爲最重的懲罰。哈得孫却不是這樣的人。迭更斯(Dickens)在『小多里特』("Little Dorrit")小說中所描寫的摩爾特爾(Merdle)就是哈得孫，但是拿他的畫像來比較，迭更斯却描寫得很不像。他是個大胖子，大臉，有鬍子，本來並無異相。他所過的日子太舒服啦，同那時候許多人一樣。他是一個眞正投機家，比從前的大投機家較後，較有組織，他既無羅約翰的又無帕忒孫的幻想，亦無窩爾坡爾的罵世的良心。若無如他那樣的活動，毋論是善的抑或是惡的，鐵路發展必要受無限期的阻滯。爲什麽他要作那幾件事（在一百年後，就能阻止他作這樣的事，不然就要盡法懲罰他的），我們將永遠不能曉得。但是他尤其是那個時代所產生的人。「判亦」(Punch)報上的部爾約翰(John Bull)最像他，是一百年間，一個國裏，一種文化的具體符號。我們可以冒險的猜哈得孫在二十年間是醉了，不是吃醉，是被他操諸公司的行政權，操了這樣久，事權又這樣大，被這種事權弄醉了。他却覺得在外國居住較爲適意（居多在一八五十餘年間），指揮打官司，一八六五年結局，他不肯歸還法庭所斷定的大筆債款，被監禁，他的大罪就是辦事成功。這是不能饒恕的。有許多人與他同時得到機會，却不善用，是永遠不能忘記他的罪。經他手過的錢，共有千百萬傍，他沾手的不過小部分，死的時候，却帶不了走。但是那三四十年間的人，無不享受他們氣魄和辦事力量的利益，他死後二十年，他所創造的市場變作投資的，不是投機的。

有好幾方面與這件事相同的生發，亦在這個時期發現於法比兩國，在美國的發展却與此不同。法國從拿破崙的軍務逃出來的時候，却無小鄉紳們，又無朋友會的人們，所以法國的信用便利較爲集中，大多數在法國銀行，和一八一八年一八三六年實業的諸中心點所發起的大合資字號。法國今日的實業發達的北方，此時並未發生，英國的北方實業却發生了，法國受戰事的累受得更利害，農夫們的守舊性質，和其中個人的貧乏（他們現在所得的田土是很穩固的了），法國的礦產較少，却利於輸送，這幾件事湊合起來，却令幅員較廣，外現較富的法國，退出了第一位，英國這時候是第一次坐了第一位啦。雖是這樣說，法國的巴黎來溫（Lyon）地中海鐵路公司，在一八四六年借一筆大債，合英幣三百萬鎊，在巴黎報紙募款建設的合資營業，表明合資觀念的偶然在這裏偶然在那裏，和似乎自然的發生。比國有國家鼓勵，發生實業中興的開端，我們必要歸功於比國人民從前曾經一度受過有組織的實業的教練的內有的本能。在第十八世紀，法蘭德斯尤其接連的遭戰事的蹂躪，只有耕種還能夠維持自身，他們還要謝謝他們的田土是世界上最膏腴的。伊泊爾(Ypores)原是古代時代的一個很繁華的城市，受過蹂躪之後，只變作服榜（Vanban）建築礮台防守的一個要塞，當日蹂躪之慘，可想而知。

美國的進步，自然是推廣於各處的性質多，集中於一處的性質少。但是美國水道較多，利於組織明輪的輪船行駛水道的營業，同時美國的無量的地土的財源，和居民的性質，阻止國內的小地主退化變作不過是農夫，於是發生奇怪的旁出的事。法美兩國雖皆受過濫發紙幣所發生的擾亂，及不能免的結果，這兩國都無其攻擊英國信用有序的「信用循環」，鐵路最興旺的那一年，和後來所鬧的恐慌，有其他一種的現象作標記。這一次，這件事實有極其言是而意非的趨向，三年前，即一八四四年，幾個英國有最智頭腦的人，規定銀行法令，新定章程，節制英國銀行的發行鈔票權，其顯著的用意，在乎使本國的信用機器鎮定從容。這幾位都是很有名望的人，其中有一位就是超羣的奧味斯敦(Overstone)，是一位天生的銀行家，原是一個個人所開的銀行家，後來是當時成立最好的合股營業的人，留傳至今日的韋斯敏斯德有限銀行（Westminster Bank, Limited)。這條法令載在法典，這幾位名人的個人的人品和他們的學識，都是很有名的，同他們的用意是很大公無私的，不料這幾位發起人反要用英國式（別於蘇格蘭式）的辦法解決為難。那幾位名人所定的法令，原為的是保障錢市的。自從這條法令頒行之後三年，當第一次要實行這條法令保護錢市的時候，反不施行，因爲不施行，却反救了市面。從前以爲施行可以救的，誰知施行反不能救。自此以後，也曾再發現這樣的事，然而這條法令至今尚未廢除，雖多少爲一九一四至一九一八年的事變所暗晦，以理想論，這條法令還是存在的。將來有一日，不肯相信這種情形的歷史家，却不得不執筆記載，說在這個世紀裏頭。正是英國的理財辦法領袖全球的時候，受一條盡善盡美的法令所節制，却是每次要施行的時候，必要犯這條令法。

雖然有這樣不祥的怪異法令，有屢次市面興旺，有屢次市面恐慌，個人損失極大，積聚了許多向來未曾見過的無產業，靠薪工過活，性情輕浮的人民，只要一個禮拜不作事，就要餓死的（最後兩個因子，足以毀了任何他國，却有私家個人的出於自願，和一視同仁的極富厚的慈善事業，源源而來的拯救和壓住他們），英國和蘇格蘭（在別的事業上）反與旺擴張，變作世界上的工廠和運輸家，英國的黃金世首先用最新的方法被封為神聖。這是一個人的天才所辦的，這個人既不是英國產，亦不是與貿易有關係的。

英國幸而有女主在位，就任由英國的投機事業發展，免為君主所干預，第十七第十八兩世紀的諸多事變，永遠割斷專制如依利薩伯那樣的君主的嘗試改良的可能，這位君主專用諸多頑票的才學，改良一個心不甘願的國。維克多利亞女主王夫是（Albert）亞爾伯特王爵。當他起首注意（時人以為他不應該作的）於英國的製造時，有許多人恨他。亞爾伯特王爵却不是一個隨便試試的英國人，英國人當本國的僥倖地勢，和獨一無二的富源，是天佑的標示，願意的時候，是很能勤勞的，惟有遊戲能實在驚醒他。亞爾伯特王爵不是這樣人，他是德國的嚴肅教授所鑄成的模子。他是個最講盡職的人；毋論怎樣說德國種與英國人的血統相近，英國人仍然是渡了海的德國人。他力勸不甚願意辦這件事的英國聽他提議，開一個大展覽會，他費了多少事之後，居然在亥德（Hyde）公園，選了一塊地，蓋了一所玻璃房子，後來挪到別的地方，稱爲水晶宮，裏頭塞滿了許多奇怪東西，至今還在。

這件事誠然有潛力及於英國的普通投機能力，和及於歐洲。今日尚有人曾經聽過他們父親告訴他的情形。當一八五十餘年的時候，天下各國的人都有來赴會的。開會那一天，是當着音樂隊奏樂，唱聖歌，玻璃房子內的活樹上麻雀叫的時候演說的，很能動聽，這件事就是很嚴重的請天下人努力工作，尤其是請天下人努力創造，探勘，組織。把戰爭看作是人類的動作所不應作的事，當作一件過去的事。維克多利亞和亞爾伯特的宮庭是一個模範宮庭。戰爭之不應該，不獨是只根據於道德，且因戰爭有害，糟撻，破壞。雖開會不到三年就有三國打仗，這是算不了什麼的。這次開展覽會，却標示國際的承認一位戴大帽子穿褲子的人，一個商人，一個製造家，一個理財家，或一個律師，都是很重要的人，這是第一次海陸軍的人被貶，居第二位。

開了展覽會並不外現什麼特別效果。有亞爾伯特王爵也罷，沒得他也罷，英國還是照常走他的路，一八五十餘年和一八六十餘年，有過幾次危機，以後一次却在一八七〇年。計到這個時候，法國還是露出面的拔富，誠然是最有異彩的，以政治論，是歐洲的一個重大的國。不過幾個月之間，就有許多昏晦而有與命運有關係的重新整頓發現。普法之戰，法國大敗，忽然間鑄造和成立一個聯合的德國，不獨整個的改換政治面目，而且把最後的殘餘封建制，都摔在背景，即謂奧國和西班牙的朝代的紛亂，和教王權力或土耳其保全幅員的諸多問題。這個新時代不甚是「鐵血」時代，其實是錢財與人丁的時代。自從一八

一七九七年的紐約咖啡館

一五年以來，世人所注意的中心點，回到歐洲的西部，這却不是歐洲獨異的情形。這一年是美國鐵路債款的重要時期，但是還要作許多事才能夠恢復債票交易所的名譽。本涅特（Arnold Bennett）有一本戲叫作『紀里石』，所演的就是這時候的情形，其中有一個人說『掃烟囱的和債票經紀們』。我們很有理由相信他所描寫的本地風光是確實的。因爲那個時候尚未發生什麼事，可以推崇經紀們的身分，或使買賣債票，變作通俗。現在所要的理財組織，不過是鄉市或本區的銀行。種地仍然是很發達的事業，輪船却的常見。大西洋的海底線已經安置好啦，但是以國內而言，英國的商業和任何他國的，都是依賴每天收發倫敦的信件，或收發最近的都會的信件。

但是在極其專門的諸點，可以看見投機的心在那裏動啦。亞爾伯特曾把太平和進步，與實業和商務聯起來。不久世人就曉得，普徧太平相離還很遠啦，却顯然見得戰爭實係有利於進步，因爲國軍於役戰場，刺激實業與商務，美國內亂就是這樣開出造鐵路的大時代。法國把大賠款還了德國，假使德國仍停頓不進，法國還可以是歐洲西方諸國之最要緊國。但是德國受治於最集權的體制之下，發達得很快，快過美國的較爲鬆懈，較爲自由，較爲自然的增長。古時的銀行和市場中心點，如法蘭福克，律伯克（Lubeck），布勒門（Bremen）等處，都讓位給柏林，自從此時起，以至一九一四年，柏林變作不止全國努力的學校和中心點，全國的眼光不注射於造成這個帝國的諸多小邦和古老的自由市，却注射於遠在非洲，玻里內西亞（Polynesia）和東方的殖民地帝國。不獨這樣，還有通過同盟國，其先是奧國，後來是義國，供給俄國，替土耳其整備陸軍，這都是超越政治的新起和破壞派的現象。德國努力之重要事實就是人民衆多而且是很有本事的。荷蘭在經濟進步中所以失去第一地位，就因爲沒得衆多的人民，德國現在表示可以幹些什麽，指揮巧妙操練過的能力和資本，遠出乎她自己法權和語言所及之地，其意若不在乎和平征服，還要節制世界。假令一九一四年的事變能夠預先阻止，柏林可以變作倫敦所畏的勁敵，紐約却不能；柏林可以變作買賣債票的一個國際的市場。

當下日見在有組織的美國遭了一次危險，是多少限於理財方面的，尤其是限於投機元素。這是不能不如此的。這個共和國的無量能力，難以令製造貨物和消耗貨物走出歧路，足以推倒這樣大這樣新這要有能力的國的諸多現成市場。但是美國的理財組織倘自然不合用於投機。例如，節制生命保險公司投資的理想，絕不能與英國同，當時的原始爲難，據說是俄亥俄(Ohio)生命保險公司倒盤所發生的，但是前此已經有過許多銀行過了困難的事案，並未破壞信用的整個建築，却是很合時的警告情形並不甚妥。這次的危機，因爲四面的環境不同，並未任其遠逹，如在其前及在其後的危機。因爲建造運輸和其他利便的永久事業極其活動，故此可以用於較爲冒險的投資的資本，所餘不多。大陸的普通發逹正在供給財富的新來源。內亂之後，一經恢復原狀，北美就入於興旺發展時代，當內亂之時，國內的精力用於其他事業，不得不限制可以用於投資辦實業的資本的分配（內亂的情形易於作這種限制的事），吸收世界這一部分的精力有十餘年。

這幾年間，英國的努力居多是專用的，不是散用的，因爲他國所要作的，已經踏勘過了。英國的特別好運，表示於當時英國的大有增加的自悟，這種好運，即是標示英國歸併過於擴充其所已經贏得的，有諸多不同的元素，湊合造成這件事。大不列顛三島並未捲入當時戰事之內，自從克亞米亞(Crimea)打仗以來，頗收旁觀者之利，頗似美國在歐洲大戰之一九一四，一九一五，一九一六等年作旁觀者所得的相似。法國鐵路是用英國勞工造成的，美國鐵路是用英國鋼造的。這不是奇怪事。英國已經有大羣分開的，無財產的，手藝未學全的勞工，法國却沒有。英國有供給鐵器的能力，過於本國所求的。由是發生一種奇怪的旁出效果於債票市場，因爲從感情上（因爲當美國南北戰爭的時候，英國袒護南部）英國不甚喜歡美國所發的債票，但是實貨收用債務另是一件事。

倫敦債票交易所已經透徹的變作國際的，就應該趕快整頓好。這個時候的麻煩問題就是外債，西班牙借了款不能歸還，同時發行許多債票，是債票交易所的委員團所不以爲然的。我們要問什麼叫作委員團？委員團就是一個古老團體，是一個界限不淸，却很有利可圖的合資會社。這個交易所不獨有過很無光彩的日子。有過幾時，失過許多會員，有過幾時受過與他們作勁敵而是自由貿易的交易所的組織所恐嚇，這樣的恐嚇却不甚腰現，亦無有力的嘗試實行，有如同時而相類的組織如倫意保船險行。交易所是買賣債票和股票，當一八六六年奧味安特葛爾尼公司(Overend, Gnerney & Co.)停止付款的時候，發生恐慌，債票交易所很吃虧。這個公司是買賣債票，辦理期票，出借款項的營業，公司的股票是每股五十鎊，已交十五鎊，股票的市價，每股值六十鎊。既倒之後，清理很爲難，需時甚久，拖長到三十餘年。因爲種種原因，我們不能怪一八七五年政府派委員團查考外債，一八七八年派一委員團查考公司法介，一八七八年派委員團查考債票交易所，這時候必定曉得查考之期已成熟。這時候發生債票的概念，不獨概念債票是一種利便，而且是一種能移交的類似貨物，遇有需要或過有機會，是可以調動的。利率低減，英國的公債拉扯計算，不過是從三厘至四厘，殖民地的公債是四厘；外債總計不過從六厘至一分二厘，惟俄國債和美國債四厘半。英國鐵路公司，經過多少繞灣子的冒險辦法之後，大約四厘，外國鐵路從五厘至十厘。一八五二年，行市單上登的是三百種債票，以後變作一個很大的自由市場。然而還要等到一八八六年，倫敦的債票經紀才被解放，不必如古老辦法，必要市長和市政參議們的執照，同時担任重新建築交易所的大部分。

當英國可以辦到旁觀世界的舉動時，當德法之戰時，美國於內亂之後，很迅速的恢復原狀，結果就是一個過於振作的時期。投機的心理當先鋒，一八六九年有限於債票交易的次要擾動。後來幾年發生未曾有過的普通營業的重大失敗，一八七三年的恐慌局面更大，這是好幾方面的事與開發生恐慌的，就是重大的鐵路和船隝建築，當日遠西的增加開闢，還有哲庫克公司（Jay, Cook & Co.）公司的失敗，在另一方面，有許多著作家說及這個時候起首發現的生活程度普通加高，我們習見習聞，凡是戰事完了之後，都有這種現象。在戰場上過了幾年住營帳的生活，時時刻刻有陣亡的險，戰事完了之後，自然要享福，什麽福都要享到，以爲無一不是該享的；不去打仗的人，看見身臨前敵的人死得很容易，自己亦有所感，或因打仗時期受種種限制，得了想不到的解放，也要放縱的。是以發生一種趨勢，作家用的款項，有無數的小筆款子都是用於享受和恣縱上的，這是難以追踪難以概論的趨勢。這時候不講節省積蓄，要項款辦大事，就有許多礙難，非借債不可。所以除了特別事業之外，例如花了許多資本新造的鐵路大概都不能獲利之外，其波及廣遠的效果，就是在乎消耗能力，消耗能力的具體符號，即謂迅速的調動新資本，用於營業。這一個因子很顯露於一八七三年美國困難之後。有人計算過，這次事體的諸多效果至少也拖長五年，一直等到一八八二年北美諸邦，乃能再盡量的產生貨物。恢復原狀所以這機遲緩，却有諸多理由，皆在乎指示此次危機的諸多原因。我們不能夠使戰後的羣衆脫離他們的心理習慣。所以恢復的諸多因子，即是在諸多新情形之下，逐漸恢復棉花實業的結實而遲緩的諸多因子，和在接收者之無私而有特長的管理之下的重新整頓鐵路財政，有許多鐵路都落於接收者手中。理財權柄之大，無過於在一個接收者手中。他能藉口於他的代理權限，和他所執行的營業的環境，

柏吞(Burton)說過，到了一八八十餘年的時候，國內產生貨物之力量已升高到如是地位，有如使生活程度雖然升高尚不至於出乎比例。然而這件事體如是其特異，有如遺留多年不能忘的諸多紀念，我們試觀紐約債票交易所關門十日（向來未有過的），就可以曉得這場禍事之深遠，這次的震動同時令倫敦，巴黎，南美洲都覺得，當下外表似是在所不能免的第二次危機屆時又來到啦，

這次却是一種有界限的危機，與在英國專門操縱投機材料有特別重要關係。

一八七八年的英國危機，有許多專門名家不以爲是國外諸事變的反射。當法之戰的激刺及次等的鐵路澎湃已經過氣了，奧國和美國的騷擾情形，並未在倫敦發生任何嚴重效果。然而尙有德國實業的極大集中的組織，和在新造的日耳曼帝國之下的財富的效果，那時候德國已經採用金幣，運用幾乎是一種行軍的部署，調動本國的新商業。物價跌落，信用受害，從投機家觀點看來，顯著的事變就是十月二日格拉斯哥市銀行(City of Glasgow Bank)之倒。以當時情形而言，幸而無這樣的禍事能發生於英國，毋論如何，亦不能發生如是多數的結果，有如使諸多債票的行市，受這樣可以作紀念的效果。以經濟習慣而言，蘇格蘭頗像大陸，不甚像英國。蘇格蘭並無隨處皆有個人所開的銀行，不如英國各府的市鎮都有，無那麼許多富室，不獨投資富而且廣有田地，羣衆皆仰賴

商人咖啡館(十八世紀費城交易所)

於富室，在英國且尤其顯著。英國這種樣的人，居多是矜持的朋友會的子孫，善於自顧，一面對於本地的買賣，操極高的個人的權，却帶點慈善性。在蘇格蘭却不然。財富是散而不聚的，勤勞節儉的下民，都可以借用，然而操縱借貸，却集中於十餘家大銀行，以格拉斯哥市而論，却集中於較少數，較不謹愼，和較欠閱歷的人手中。自從經過一八三十餘年議院調查（居多是小產的調查）之後，執銀行股票的人仍然是無限的合資式，較爲新近的要整頓這件事體的嘗試，又並未收效。

以格拉斯哥市而言，有九成四的資本是屬於其財力絕不能付每張股票面値百鎊要交出二千七百五十鎊的人，淸理債務的人，誠然有權要股東照交這個數目，這時候才曉得「有限負債」一系統的必要。後來所定的法律就能夠令人買幾張幾股票，這條法律的效力很大，不獨使買股票的安心，曉得股款全付之後，就無什麼還債責任，若是只付過一部分的，後來還債的責任，是絕對有定的，可以預先曉得，預先籌備的，這條法律且開一條新路，較易於集資辦各種實業，易於改組現有的幾個人的合資營業（這樣的合資辦法遇有股東身死或拆股，要經過種種手續），改爲各種辦法，這種辦法免不了公開，股票可以公買公賣的，一旦不幸要收盤，却無法律上的神祕，亦無不能預知的困難。除政府債票不計外，這是第一次起首教人民照這樣辦，首先利用這許多新的利便方法的，就是大銀行和借債字號。我們不能核算一八九〇年的危機，住在倫敦市的較爲有過閱歷的人所表示的新心理的價值，也不能核算一九一四年全國所閱歷的。

關於買股票和有限負債責任的各種法令，到了這個時候，使一個大營業的東家，較爲易於辦理，易過合資營業或個人營業，亦如辦理這樣形式的組織，易過辦理封建制的特別利益的田土。重大的歸併舉動就是在這個時候起首進行，以銀行而言，魯意銀行，倫敦和中原銀行，其後巴克雷（Barclay）公司銀行，不獨起首從個人開的或區域的銀行出來，而且吸收他們的有力量的勁敵們。在第十九世紀，有銀行執照的，有二千個字號。有若干字號，是由於自然原因消滅的，到了第二十世紀初年，大抵是由於歸併，變作不及一百家，一九二〇年，還有十二家是異常的合併字號。在這樣的有名領袖之下，有其他操財政業的，商業的，實業的歸併繼起。總結果自然是在投機事業中，介紹一種重大的公司性質。個人的或合資的可以破產，且往往必定破產。各種的辦法，以有限公司爲最易於組織，若論發生於第二十世紀的歸併，我們敢說毋論任何政府，都不敢任由這樣的大歸併坍塌，若有此事，就是一國之禍。

一八七八年的英國危機雖然比較上是有界限的，其後數年的情形頗不好，銀行的利息高，失業的人數又多。這種情形與美國之恢復遲緩和艱難，及一八八二年波及於巴黎的諸多困難同時；一八八四年紐約有諸多失敗，最顯著的就是首都國民銀行（Metropolitan National Bank）及格蘭特和窩德（Grant& Ward）字號之失敗。這兩者之間所能有之關係，其實是難以估計。因爲這個時候在歐洲諸國，其中有時有緊急的時候，有與旺不相等的時候，都是勞工情形的結果，却並無有定的坍塌，有如從前不能不停止一八四四年的英國銀行法令。在另一方面，在美國，生銀問題起首波及市面，一經發給生銀執照，情形就鬆了，當下却有其他諸多因子動作。比較上退步的俄羅斯，已經逐漸造鐵路，克里米亞之戰之後數年，成立許多合資公司，令俄帝尼古拉第一 Nicholas 第一次開眼，看到必要介紹近代商業實業方法於本國。俄羅斯土耳其之戰之後，這種舉動受了大激勵，那時候還有古老法律，對待猶太人還是用中古時代的態度，那時候亦惟有猶太人無厭惡異族的特色，也無半東的心理。我們必要謹記在心，東歐醒悟之慢，因爲不增加消耗就不能達到醒悟，由是引出第二個面目的諸多原因——即謂舊世界逐漸不能供給本洲的民食。

一八九〇年的英國危機的原始，却含較少的猜度，少過大多數這樣的事變。南美起首能夠立足，要求向來未有過的大資本，以發展其利源，要諸多建設之費。阿根廷那是最重要的借債國，過於投機的第一效果，首先發現於巴黎，那裏有一家很有名的借款字號，要同債主們定公斷辦法。後來就是阿根廷那的借款在市場上受了影響，貝靈大字號（辦這樣的大事，惟爲洛士柴爾德字號的名氣，可以與貝靈字號相比）處於困難之境啦。十一月間有一日就有向來未聽見過的一個大資本團成立，英國銀行爲首，其他較爲重要的借款字號繼起，担保貝靈字號的債務。這個大財團一成立，人人才能夠喘息；貝靈字號的較老的已經退位的股友們，回頭幫助他們的字號，居然就救過來，不至於破產，最有意味之點却是這時候的新心理，使這樣的會合能夠辦到。即使以前十二年而論，這樣的舉動，是絕不能想到的。多數危機的特色，危機的原因，賊然使情形更加吃緊的，就是一個觀點適令個人先逃出來，不管怎樣犧牲他人，只要救自己。當貝靈字號發現危機的時候，有許多個人，担負遠過他們自己私人資格的責任，担任債務，他們的職位，原不過是這樣債務的經理或保管人，以維支這家字號，這家字號却並無任何直接合於法律的，能要求他們這樣幫助，他們不過爲公共的平安和便利起見，甘願挺身出來幫助的，況且貝靈字號這件事還免不了投機二字。他們是借英國和其他歐洲的信用，以開闢一個新國，從中取利的經理人。他們所作的事（是另外一個局面隨帶諸多利益），其實就是帕忒孫和羅約翰二百年前所嘗試辦的事，以一個半官半商的英國銀行爲首的公開的委員團支持和幫助，這個字號，其包圍這樣辦法的許多事變，其實即是充分承認他們所辦的那一種手術的必要，由是推論，承認毋論什麼批准的債票交易所的買賣事業。非官式的和外行的羣衆心理，已經改變啦，這種改變有判亦報表示，這是一個無價寶的風雨表。從這個時期起，債票經紀不與掃烟囱的人們同列啦。度摩累 (Du Manrier) 的時髦畫片這時表示債票經紀是一個倫敦西方社會的帶點豪華却無爵位的人，殊不被這樣的社會所貶斥。我們現在可以從第二十世紀回頭看，一八九十餘年間示我們以很有趣味的景象，却是不堪持以教人的。情形已經相離太遠，遠過去較早的時期。我們不易喚起那十年間的極其穩定的情形，倫敦債票交易所現在已經成爲一個可敬的建設啦。與論已經批准債票經紀穿好看衣服，飲好的吃好的，同時交易所的笑話和開頑笑的事，立刻變作好打諢引人發笑和說俏皮話的標準。這時候領袖字號起首有高等的名姓代東方名姓（殆指猶太人譯者註）作招牌，同時「投機」兩個字，仍用於南非洲市場，這個地方是買賣在非洲新組織的礦業，有挖金的，挖金剛鑽的，有挖其他貴重金類的；其他市場，尤其是買賣歸併整理的國債票和本國鐵路債票的市場，却變作已往的故事啦，這種債票的有善意的穩固，與中古時代的宗教家的神聖，救生船的威望，和聖經所引起的思想，揉成一團。這是工本輕利息厚的時代。從此時起，所有慈善會的經費，嫁娶所承受的財產，孤身女人勞苦得來的蓄積，有神經病的少子們的財產，都變作最穩當的英國國債票，這樣辦法的諸多效果，作者將於下文考論之。有諸多原因湊成這樣的事，幣制專家指出黃金的出產和消耗是有起落的，這件事與我們所論的多事有多少關係，到了這個時候，在英國的起落，暫時到了平衡點。此外尚有一個更爲顯現的因子，這個因子不獨是維克多利亞女主在位時期較爲太平，在位之日甚久

（很少在世的人能夠記得任何其他君主在位比這位女主更久的），且因宮庭的性格不同。因爲女主少寡，有許多包圍君主的飾觀的排場，不是廢了不行就是減少了。社會的實在領袖就是太子，這位太子是一位深於世故的人，英國所愛的屬性，他都有——好戶外遊戲，隨同屬於好此道的人的全數排場的守舊保存，太子的朋友都是好坐遊船好打獵的銀行家和理財家，沙遜們（Sassoons）和洛士柴爾德們，或是建築帝國家，如羅德斯（Rhodes）和史坦利（Stanley）。太子的鬍子是海軍式的，他的褂子是一塵不染的，倫敦的全數公司會議廳的人們都學他。他給了倫敦市（在王室交易所周圍理財行號所在的街道當時稱爲倫敦市）一種法權的符號（印信），這是巴黎和紐約所絕不能得的，德帝的太過中古時代態度所不能借與柏林富戶的。太子把債票交易變作時髦，不是使一派的人變作時髦，使全國的人都變作時髦，全數畏羞，熱心的不奉正宗的人（原是道種人造成英國的商業的）的子孫們，根據於超過聖經的忠實可信，急於把他們重價買來的打松雞的地，獻與太子。毋論世界上什麼黃金的和白銀的票據，都不能產生這樣的效果。

大概而言，英國所曾經過的，當以一八九六年爲最興旺，這是無可疑的了。南非洲起首令人覺得不安。但論不列顛三島，在這一年裏頭有最多數的人能夠買日報看，有按時的休息日，買物的能力較高，他們得了這種的享受，是無批評的感謝，一直等到很後，才有研究發生，討論靠工錢過日子的人，是不是應該得這許多享受的。

投機事業就是這樣不受局外的批評所阻礙，同時諸多根本上的改變，大有利於國寶流通，和本國的普通組織，這是一國的活動所依賴的。貝盟字號遇險，同行挺身來援，不過是一個明證，表示倫敦市諸銀行家的休戚相關的感覺大有進步，諸重要銀行歸併的迅速增長，又是一個明證。英國諸多重大營業接二連三的把他們的不易辦理的個人的或合資的組織，改爲有限公司，一經改變之後，居多都標示管理改良，無不標示增加的查帳和公開。同時法國的投機地位，其實是巴黎的投機地位，有農民們的極端穩定性和節省積蓄的本能，作鞏固基礎，雖有時亦有危機，而仰給於農民，不曾搖動。是以一八九〇年法國銀行居然能以財力幫助英國銀行，德國雖然以出產成本較輕，和賣貨的手段有無限的優勝。以投機事業而言，却不算是倫敦的勁敵。至於國際借款，阿木斯特丹雖有可以注意之處，却處於次要地位。

在這個時期，紐約却發現最重大的反襯。在這十年期間，美國標示狂熱的出產，惟各種實業的出產並不相等，——且過於樂觀的募集資本。到了一八九三年就發生不良的效果，二十年來，以這次的危機爲最烈，恢復原狀極其遲慢爲難，一如一八七十餘年間的危機，惟理由不同。這數年來已有不良的現象，就是政治上幣制上的無定，與北美有較多的關係，過於與英國。金銀並用的爭辨，發生疑團，所疑者卽是否維持金本位。法令所定者原是金本位，一八九六年，又屆選舉總統之期，因是暫停此條法令。同此事實節制關稅律，同時有一朕兆，卽是外國資本收回，而子上是因爲有無定的事變，然而我們可以猜度，亦因歐洲的進步較慢的國也要發展。一八九八年美國起首發現普通進行舉動的朕兆，能抵抗錢根甚緊的情形和一九〇一年的令人可怕的破產，並不沉入恐慌情狀，却與供給世界衣食和錢財的美國相去有百年強，作者不久將注意及之，總而言之，世界上六七個大交易所（隨帶附屬的貨物市場和理財的機關），此時已變作國際的，却彼此還不十分痛癢相關。倫敦此時尤其是孤主，過於從前有異言異服的人在王室交易所作買賣的時候，我們今日拿第二十世紀的標準追論往事，英國一八九〇年的危機，美國的一八九三年的危機，彼此只有小感應。

按歷本說話，一個世紀是以一定時刻作盡頭。投機原是無遠弗屆的，却極其無準的人類能力的生長，要定投機歷史的限期，是更爲難。爲賅括起見，必要嘗試規定期限，我們有許多理由，最妙莫如定第十九世紀的債票投機歷史的盡頭，在一九〇一年，女主維克多利亞薨逝之日。

我定這個日期並非是因爲島國人爭勝的性質，凡是國際歷史學者，當研究第十九世紀的時候，必然多注意於不列顛(Britain)帝國的事功，尤其是英國的事功，特別注意於倫敦，一如法國在第十八世紀稱雄，荷蘭在第十七世紀稱雄。在這幾個世紀之前，却是封建時代的天主教的較早的國際主義，最爲重要。是故我們可以稱第十九世紀是英國世紀，不宜稱爲不列顛世紀，因爲在這時期首先組織一個世界的買賣信用票據的市場，其中以買賣債票和股票爲我們所尤爲特別注意的事。自女主死後十三年，這個市場誠然仍維持莫能與爭的勢力，但是一九〇一年發現爲一種分水嶺趨勢。從這一年起諸多事變下行趨向於一九一四年的大震動。維女主在位的英國君主的最先的和最專心的努力，就是嘗試阻止與德國衝突，一旦衝突，就是財界諸事遭殃，努力無效。第十九世紀已經過去，在分水嶺的那一方面，與旺的潮流是不列顚的潮流。新文化的諸先導從地球的盡頭，舊文化的諸維新家，無不向倫敦支款應用，不獨是匯兌，而且要借款辦事，當從這一個時代不知不覺的入於那一個時代的時候，就有改變的朕兆。南非洲軍事還未有完，這一次的戰事與其說是一個新兆頭，不如說是一件可注意的復舊。自從第十九世紀初年，英國與法國作生死關頭的戰爭之後，只預過一次歐洲之戰，其最要的動機是政治的，又有過一組的次要戰事。

其中並無任何商業的元素可見，除非是埃及和蘇丹 (Sondan) 兩次用兵，可以當作是保護蘇爾士運河所必不能免的舉動。惟一八九九年之戰顯然是爲保護和改良英國人手上所有的南非洲產業股票而起。這就可以解說債票交易所諸會員爲什麼那樣關切，是向來所未有過的。當日女主因爲這場戰事極其變成，這場戰事的諸多結果波及甚遠，過於女主所預料，這諸多效果却屬於第二十世紀。我們測最第十九世紀只要加一句說明，南非洲之戰是折回於第十六第十七兩世紀的殖民地貿易之戰。關於這種事體，不獨英國一國是這樣。在這十年間美國和德國都有這樣的舉動，不過規模較小罷了。換而言之，到了現在經濟因子，在各國的生活中，重過政治和陸軍因子，債票市場，重過政府各部的勢力。我們試回顧從前，這時候好像紐約債票交易所起首露出他的特殊性格，標示這種交易所與歐洲的交易所不同，計至那時候爲止，從無大機會發生，使他表示他的自然趨向。這個交易所初時所走的幾步，是很可注意的，他的組織，很快就趕上歐洲交易所。一經成爲多少可以承認的團體，有了房屋，有了債票行市表的起頭，這個交易所的諸多活動走一條很不同的路。美國的「國」債，大部分是借外國的，不過逐漸的被吸收，這種國債雖有較大的可適用性，却有一種性質，好像是一個嬰孩生下地來就有了成人的諸劚性，一起首就遇着諸多重大的幣制爲難，隨帶其本省的諸多債務的要求，這與合衆國的債務有別。這種債票自然無賣出買進價値的差別，不能發生多買債票的人；外債市場後來發展，到了今日還不算是第一重要的市場如在同此時代的倫敦，今日只居次要地位。故此要發展的第二個市場，就是關於宏大的運輸的諸多需要，有人說因爲河道有用蒸汽的可能，曾引斯蒂芬孫(Stephenson)注意，在英國鐵路之先。這個市場大多數爲英國人所利用，他們手上雖有資本，而無所用於英國。因爲這個的時

窩爾街的北面，即現在紐約交易所所在地

期正與一八二十餘年間倫敦債票交易所墮落的時期相會。這次的墮落，有人說是因爲由於靠不住的南美省債的胡鬧的諸多不良效果，亦有人說是因爲無偉大人物當領袖。毋論怎樣，北美挖最早的幾條運河，和建造最初的幾條鐵路的資本，有許多是來自倫敦的，種棉花或推廣這種事業所要的資本，也是從倫敦來的。當這個世紀進行之後，美國日見其增加的吸收自己的債票，在未過南北戰爭轉機之先，美國正在發展一種種類相同而程度不同的辦法。爲投機而使手段，原是極古的事。這種事可以追溯於古希臘和羅馬時代，和聖經時代，但是我們不能臆斷早時的壟斷，聯合居奇，及後來的把持公司，和托辣斯，曾在古書內或聖經內，考究過這種事。倘若轉爲繁複的手段原是北美的土產，北美的人誠然是用更大的勢力在較大的範圍內使這種手段。立普力（Ripley）說一八六一年密執安（Michigan）食鹽歸併公司的就是最早榜樣，其他專門家却說一八三十餘年間的莫裏斯（Monis）運河公司爲最早，但是南北交戰之後，這種樣的債票交易所的活動，變作一句口頭語，變作較舊的債票交易所的榜樣。是以自一八七十餘年以後，立法院的頗要緊和接連的努力，都是向於限制和節制操縱投機事業的各種努力，投機家却一樣的常要規避這樣的節制。歐洲歷史裏却無這種事。這是自然而然的事，因爲毋論任何社會愈變作是個人的，凡是在投機事業使手段的人更是自然而然的見得自己應該盡其所能取得最大的個人私利，雖他同包圍他的旁人一樣，却都要依賴於公利。歐洲的趨勢却不然，立法院却很勞心的要使投機事業的條文形式變作更爲流動，以便投機家——投機家三個字在這裏是指專門投機家——這種人在他的一方面，却並不發現如美國投機家所發現的好戰和決定解性。其他姑且勿論，倫敦却失了個人性。今姑舉一個榜樣：洛士柴爾德（N. M. Rothschild）在第十九世紀初年時，施行其無與爲比的勢力及於票價，節制一個大範圍的國際籌碼，留一個深印象於當時的著作家。到了第十九世紀的後半截，我們就難以舉出任何一個處他的地位的人的名姓，至少也要等到第十九世紀的末後十年，才有幾個人的名字變作顯著，這是關於南非洲諸多事變的，釀成南非洲之戰。但是南非洲的開礦公司和其他公司的股票的市場，比於美國運輸（最重要的是鐵路）股票，及其後他種股票發現於芝加哥及紐約市場，更爲有限，不及遠甚。在歐洲的百萬家當的富翁們，沒得這樣的迷人魔術。在英國的富翁，倘有因其他屬性得名的。我們敢說，即以今日而論，有爵位的舊家，和在一個雖不是閉門不納却是防範得森嚴的社會中往來的人，比不過是富翁，可欲得多。這種情景可以在哥爾斯衞狄（Galsworthy）所撰的一本戲名叫「忠君」的看得出來。這本戲裏頭演的是一個極其聰明，很可以見得人的；少年猶太人，已經進了公學的禮拜六和禮拜日在鄉下消遣會，進了選擇很嚴的俱樂部，和得了王室的差使，這是造成近代君主制實在宮庭的，他還不滿意，還要進倫敦最有名的兩條闊街裏的俱樂部當會員。他輸了一大筆款，他就抗議。我們不必再往下追究啦。隨後就有人會他曉得他作了一件不可恕的事，他才曉得不獨現在的英國，有許多事仍然是錢所不能買的；就是花了許多錢，買了最高社會的入門劵，還要把花了錢的痕跡去丟。花了錢是不許說的；你只好大踏步走進去，好像是你應該進去的，就完了。無錢財無權力，是不可以在英國誇口的，不同幾部分的古老腐敗法國貴族，若要合乎英國人的心理（蘇格蘭人也是這樣，不過程度淺些），有了錢還要掩飾。

這就是一宗理由，在歐洲並無與谷爾德(J. Gonld)洛克斐勒(Rockefeller)，摩爾根（Morgan）相等的人。他們得不了襪帶徽章（英國第一等徽章譯者

注）。自他們看來錢就是錢，不是眩耀五百年前封建世界的披掛的資藉。德國發展得最快又這樣的被人破壞，沒得比較。但是我們還要看德國社會組織怎樣的再結晶。但是在美國，一個人若要當理財家，一定要是一個百萬富翁，用不着什麼爵位。他不容易被人寬恕，與相等記載的歐洲人不同。毋論世界的全數慈善事業的捐款，也不能磨滅有幾家托辣斯所用的方法的記念。在另一方面，貝靈們和洛士柴爾德們的慈善事業，鄉下的茅宅，我逐漸鬆了的勢力，已經完全蓋過當倫敦錢市較早的發展時，這兩家大字號所作的事。他們可以失去千百萬的金錢，却不必失去他們貴族誥勑。故此窩爾街與卡帕爾（Capel）宮（即是倫敦債票交易所在地譯者註）平行，却大有分別。我們可想而知巴黎柏林是政府較爲慎密規定的，裏頭的人同國裏的人很不同，幾乎自成一派，其實當我們折囘考慮紐約，柏林的逐漸出現，巴黎與阿木斯特丹在投機世界上的永久競

爭，我們才看見維克多利亞的英國一部分的晚景，大不列顛大部分的晚景。其中却有一種分別，因爲蘇格蘭和愛爾蘭的許多生機已經流到殖民地和美國；這樣的生機或間接由商業的發展，或直接由運用腦力和氣力，以創造和節省供給資本，可以很有力量的影響及於倫敦的理財的重要。一九〇一年和今日都無忽然的或完全的磨滅的任何朕兆。不獨無此朕兆，我們方且不久就見得倫敦債票交易所的實現的投機機器，走得更順利，從那個時期起以至於今，更少普通禍害，少過從前。（下略）

第五章　烏托邦有限公司

我們若把債票投機事業的市場的新情形，斷定在愛都華第七 Edward VII. 登位之日，是不會錯到那裏的。當女主在位的時候，英國的理財行號發起在早，竭力維持地位，正是這位女主不甚露面的時候，有一部分的理由，是因爲她年歲已高，有一部分理由是因爲她是個女流，又是個寡婦，不得不如此。可是一位攬權的首相，使她處於顯著的政治上孤立地位。

不過數年之間，其實數月之間，什麽都改變了，愛都華第七是一位深於世故的人，由於他個人的深信，他又是善用外交手段的好手，就用外交辦法，立刻使英國折囘，與各國以友誼相待。只因這件事實的相離甚遠的而且是出乎意外的效果，故此與我們有相干。海外的英國已布滿全球，英國現在專心於恢復地位，作爲歐洲的一部分，好像這位新君，在一百年間，是第一次明白過來他的國民處於防守地位，只有這樣能解說他爲什麼用熱烈的努力掃除法國的惡感，同德國俄國創造好感。同樣的觀念已在一個較爲廣大較爲能受印象的羣衆中流行，所用的腔調，比君主的飯後演說的温和腔調堅決得多。

愛都華第七因爲好和平，好好感，故此求和平求好感。他怎樣的慘淡經營，嘗試保護英國信用，不使爲歐洲的戰爭所擾亂，他怎樣的減輕日見其增加的稅率（這是因爲起首同德比賽增置軍備所發生的），我們是絕不能曉得的啦。約瑟張伯倫(Joséph Chamberlain)的話較爲明顯些，他說君主國和帝國都有危險，這個人的眼光與君主不同，也不能同君主表同情，却與君主在這個時刻改變的世界並行，他節制英國的政治和經濟生命，一百年間的任何首相，都比不上他。這句話就是他說的。

他是一個繁複而捉摸不着的人，却有活現的標記，數十年來，現於當時的諸畫，他的臉是薙光的，只戴一隻眼鏡，與他的和氣而有鬍子的君主和貴族們很相反，他一生的事功可謂發異彩，却不甚有恆，他在英國政府中，向未居過最高位。他的許多外觀，是從那裏得來的？是從他生長於郊外的不奉正宗的家中得來的麼？抑或是從一種有先見的想像得來的，想見他死後十年人們穿什麼衣服，臉上現什麼樣的面目？若是從第一件事得來的，他一定得了那種烈火，可以同福克思（Fox）的或班顏（Bunyan）的相等，却因他的烈火失了宗教性質，故此指向於帝國的優待稅則的問題。從第二層，他一定得了一種深信，使他（當貴族仍有勢力的時候，他不過是一個平民）召集他自己的類似君主所派的委員團，他的諸多巡行，排場不減於君主。

反對他的人很多，他們却不甚曉得，他的勢力的來源是很深的。他的私人生活並非是例外的。他作官的功業是有光彩的。他生長在北明翰(Birmingham)，他把這個地方造成一個英國的模範市，英國還未有能賽過這個地方的。這是一句極其恭維他的話，因爲北明翰並無一個大機器廠，也無大船隝；英國以這位地方尤其可以稱爲舊時小本營生的手藝師的中心點。有三十餘年間他們步趨他的人格，他死過之後，他們還崇拜他的名。當他自己營業和他做官的時候，都是一個大投機家，有人說他三十歲的時候，就幾乎是一個百萬富翁。

這樣的一個人，對於新揭露出來的恐嚇英國貿易由是恐嚇英國諸多財源的危險曾說些什麼呀！他憑他的本事入了內閣，却是一個平民，並無爵位。他已經把北明翰組織好啦，別的英國市鎮都未曾這樣組織過，他原可以重新組織這個被圍的帝國。我們有各種理由相信他願意作這件事，但是他的無窮的自相矛唇，還未曾完啦。

他的畫像令我們想起什麼來！——他的一雙小眼，薙光了的比例相稱的頭，他的好考究和狡詐鼻子，他的難以調解的牙床骨，他的黃色的臉，薄嘴唇，令我們想起什麼來？既不是那時候當首相的，滿臉都是毛的侯爵，也不是後來穿軟領的新鮮空氣的人們，他的臉是古時候的臉。古時畫片和古時彫刻才有這種臉。是低頭看執照和低聲討論和約的臉。同他的好繞灣子的心思相合。那時候英國所處的是新而令人恐怖的地位，他有對付這樣地位的條陳，一經研究之後。他所條陳的是什麼辦法？其實就是保護實業，第十四世紀的保護商業主義。如他這樣出身，有過他那樣記載的人，誠然是不能承認任何保守主義，他不能不稱他號召全國所用的主義為『關稅改良』。其實就是保護主義，不過是部分的零碎實行，他死後數年，掩飾為『防備』。這種辦法有一種政治的，立法的面目，其效果所及於債票投機事業却是很深遠的。他的臆說（理想）是很對的。無人能搶奪的英國市場，已經被他國侵犯了，這是不得不如此的事。一方面是德國貨，一方面是美國貨。德國貨侵犯英國市場，是很能言之成理的。德國帝國不過成立了二十餘年，享受全數新統一的利益，這是英國當滑鐵盧之戰那幾年所享受的。在這種心理上的勢力之外，德國人好學，甘受紀律，不列顚人是罕見的，惟有蘇格蘭部分是這樣的。我們毋怪德國的行號起首製造貨物，製造裝貨受船，都比英國的賤，有時還比英國的好。况且德國的鐵與德國的煤，相離甚遠，交通不過新近才發展。德國人又習慣勤苦耐勞，在英國之先。小心而有系統的教育和組織，是在所必要的，與國人的理想相合。

英國商業所未到過的很遠地方，和不過偶然到的地方，德國却都到了，甚至於在不列顛三島行銷德國貨。在較早時代和較爲鬆懈的英國人的個人營業，就是這樣。在這一方面，是蒸蒸日上的出口貨，在那一方面，是思想較爲自由的人有出外貿易的趨勢（他們見得德國的日見其增加的陸軍組織過於煩重），加以德國政府一種很自然的欲望，要避免英國的民族系統（或無系統）的重要弱點，以刺激擴充貿易。英國的系統，令大市鎮的人民們覺得是很煩重的事。

美國的才略和力量，是被工程的大發展的必要和機會所促進的。在早的時候，美國是用英國資本和鐵貨造鐵路的，現在却掉過來啦，美國的金錢和機器起首出現於英國啦，一如德國貨物和德國銀行日見其加增的出現於英國啦。

新入國際貿易市場的兩國，都是實行保護主義的，更令張伯倫的主張，說得言之成理，振振有辭。英國市場必要保護，這是顯而易見的。這時候起首有各派國家經濟思想出現，從主張徵收糧食入口稅的，這一派要使英國種田事業能與供給英國糧食事業競爭，以至於製造家，這種人主張徵收入口原料的稅，也有同他們相反的，主張原料入口免稅，惟重抽入口熟貨的稅，有利於這一種辦法的，有利於那一種辦法的。

英國營業的大體，都難以活動，英國已經在六十年前廢棄保護主義，不能復原，其理由就是爲日已久。在不保護主義之下發財的人，相信他們可以保住。實在受新競爭之害的，並不普通，亦不酷烈，不足以發生騷動的廣大根基。此外還發生一種爲難。南非洲之戰雖然相離甚遠，因爲後來的諸多大禍把這次戰事變作渺小，亦足以發生戰後的反動和期望的空氣。

一九〇五至一九〇六年是恢復其他介人注意的事的時代，這是在擴充殖民地和軍務之外的。在這個的期之內，第一次發現較爲有勢力的舉動，就是馴良的英國勞工要求加工錢，這是全數投機家中之最草昧的投機家的奢望。我們雖

柏林交易所

以勸這樣的一個人相信任何外現其爲增加他的生活費用的政策，這樣的一個人又不相信費用加高，可以用工錢加高相抵。這件事並未決定，因爲張伯倫正在當最要緊的時候有病。其後有更爲有定的政治問題出現，更爲國人所注意，以至於歐戰發生。

這次爭論的效果所及於債票投機事業者，是極其間接，且相離又遠。商業市場並無有定的坍塌，受影響的各部分亦無任何有標記的獲利減少，足以使債票交易發作討論這個問題的一個有力量的機關。今日事隔二十年，我們可以回顧，見得其中有最要緊的發展。理財正在起首與實業分開，遵守幾條法律，不過微受節制製造和買賣諸事的潛移。這件事體的自身不能幫助解決國幣問題。此時仍有一派的學理家把所謂「周期的」信用循環連於自由貿易，亦如其他學理派歸咎這諸多事變於金本位，或英國銀行的組織。新時代的最重要事，即是倫敦和其他理財活動的中心點似已不爲這樣的諸多現象所推倒。最結實的事實就是從一八九〇年至一九一四年只要操縱期票利率就足以阻止任何恐慌，從前有過一個時期所慣用的暫時停止銀行法令的辦用，一直等到一九一四年才再施行。那時候還有其他理由證明必要施行。在另一方面，美國，德國，法國都受一阻危機的苦，周期並非有定，不如英國所受的，却有標記足以證明只是國幣的或幣制的布置，與這件事體有很少的關係；所有的關係，不過是與銀行能易於出借有關，當我們反省有許多事體證明保護派的主義是應該施行於債票交易所內的兩個重要市場的，但是在維克多利亞朝之後數年間的市面比較上的安靜，却是更能令人注意之事。南非洲之戰，似曾致命傷的打擊英國的歸併國債票，這種國債票的市價，隨時起跌，並不是無理由的，但是隨二十世紀而來的跌價，却不是起落不定的。這次跌價是太過逐漸太過接連。在已經註册的總數之外，加添了許多，但是我們一反省有極多數是在英國執存的，不獨是由個人們遺傳給後人的，而且是各種永遠不死的團體和慈善事業所執存的，我們以爲這種債票的供應較爲應該缺少，因爲恢復的貿易和極其穩定的情形，正該任人積蓄這種債票，在一百餘年間，現在似乎還是的，這種債票仍然是第一等英國債票。我們又不能證明任何與此相似的投資能給人以相抵的利益。

我們只能推得結論，說英國政府的信用雖然是無人挑駁的，已經不是從前那麽無與爲比的東西啦。現在還有人能夠記得不還債的事，不獨是南歐諸國欠債不還，北美共和國諸省也有這樣的事。現在舊世界的互相衝突的王室和半封建制的爭執，已經安靜啦。利率已經規定啦。財源已經開闢啦。新世界的本土政府也已經相等的穩定啦。歐洲的精神轉注射於較大的事體，和較爲繁複的諸多問題——怎樣的供給國內的民食，怎樣的維持今日所謂均勢。均勢問題就是說聯合異常大的徵兵制的軍隊，或用聯盟或用默認的好意以聯合，那時候毋論那一個，都不敢冒險使甲國或乙國居於世界的第二位。後來才曉得英國帝國已經保守住第一位，其所處的環境又是極難以取英國的第一位而代之；等到曉得的時候，已經太遲了。但是俄羅斯對於亞洲還存了許多空泛而無界限的陰謀。因爲歐洲列強屢屢不許俄羅斯軍艦入地中海，又因俄羅斯在遠東大受日本之挫，故此更要謀亞洲；此外又有德國貿易和運輸，無處不有恆的增加的鑽到，不倫不類的明擺出東向的神氣，要經過土耳其，向報達（Bagdad）走；法國的第三次共和是很鞏固的了，有的不無很嚴重的不名譽的事發生，因爲政治與財政有太過密切關係；亞爾薩斯洛林 Alsace Lorraine 兩省割與德國之後，法國人的羞恥心受了重傷，常懷憤恨，尤其不能忘懷的，還是前一百年的繁華，既處於這樣的位置，這些年間的歐洲和平之局花錢更多，多過幾次軍事遠甚；且要求及得着各種國債的謹嚴管理和完全的組織，惟有這樣才能夠維持這樣的局面，且要包括一種辦法，就是更難同意的各國都不許從土耳其帝國的地位中漁利，同時却要借出款項維持這個帝國。對海的美國，已經過幣制爭論的可厭時代，殖民地拓展，馬琴力（Mckinley）大總統之慘死，入於一個極興隆的時代，我們所以見得黑森加塞爾選侯（假使能復活），現在不必把他的存款買歸併債票，才能夠保得住啦。價錢跌得很兇呀。

同時有一組不同的環境，影響及於第二種最要緊的英國市場，就是說國內鐵路股票。這種股票，次於歸併公債，已經在從前的英國的生長變作一種無稽的故事啦。那時候證明給全個文明世界的人看，一個人一生的積蓄，怎樣宜於投資於合宜的債票，爲將來籌備，或存貯慈善款項，都應該這樣投資，好過裝在舊襪子裏，好過裝在錢箱裏。大概而論，英國鐵路債票是在一八九十餘年間達到最高點，及第十九世紀末年，和君位易人的時候，起首跌落，我們很可以疑這些公司曾否實在推倒過原始資本過大的爲難，鐵路公司當初原是一件新鮮事，籌集資本的法子是很亂的。後來都承認鐵路是必需的，組織還算好，不過守舊點，這是最好的時代。但是手續很慢，他們好像不能忘記趨向於維克多利亞在位末年的短促興旺日子，在一方面公衆有許多要求，養路費，改新費，鐵路員役的有決定的組織，都湊攏起來增加費用，鐵路公司的後來歷史，有許多言之成理的理由解說，但是在全數理據之外，却有一宗事實，這樣的公司，已經變作一種批准的本國專利之業，自然要受這樣營業的心理的影響，各種實業股票的市面却無這樣的爲難，這時候這樣股票變作債票投機事業的大宗。資本是有限制的，比較上執股票的人數少，原始費用較輕，股東能夠在諸多這樣的證券中挑選，要這種不要那種資投的或投機的證券。但是鐵路的大公司的建設，不容這種辦法。鐵路公司的股票和國債票局面既大，年代已久，不容執票的個人，運用這樣的效果及於市價。即使以大衆而論，他或她怎麼辦呢？

二十年前「投資的羣衆」才起首受教育，純粹的投機家的範圍和觀念仍然是比較上有限制的。其實還是投機家運氣好些。開礦事業復發，這次是在南非洲，給投機家以機會，這是在鐵路股票起跌的窄範圍之外的，較爲後來因爲用煤油用橡皮增加，就刺激發起或重新組織許多種橡木樹的公司的和開油池或煉油的公司。在另一方面，有一種有錢的人，現在起首稱爲投資界，在這個時候，除了他們所習慣的英國國債和鐵路債票之外，並無多少辦法，除非是市政所及其他本地所發出的債票，其實都不過是同國債票相差無幾。

這就引我們考慮這個時候手上有餘款的都是什麼路數的人。有幾位著作家把「投機家」和「投資家」分別得很清楚，這是一件好事。他們說，投機家

（居多都是以投機爲專業的）是或買或賣債票交易所證券的，他們只管買賣，手上却並無證券，意在買了再賣出，或賣了或再買入，藉賣出或買入取利；投資家却不同，藉所買入的證券的餘利過活的。爲專門研究這種事體的人起見，這樣的分別原是很賅括很可嘉的，但是從一個更爲普通的立點看來，讀者却不要忘記，其間並無斬截得這樣清楚的分別。有許多投機家也免不了有些永久的投資，這是在他們每天買賣之外的。上文投資家的界說是很簡單的，其實是更爲繁複。他們實行收受交付過來的證券，原是常有的事，一面却願意看見他們手中的證券起價，以人情而論，却絕不想及證券跌價。當好幾年間歸併國債票市價溢出面值，鐵路債票不獨穩當（即謂不會跌價）而且還許慢慢的，必定的，增加餘利，有大筆個人的款子或團體的款子，都拿來買這樣的國債票和鐵路債票，惟有上文所說的情形可以解說，就是這樣類別的大筆款項，還並不能解說政府借債和宏大的運輸公司們的資本所吸收的極大而日見其增加的總數。

在第二十世紀的開端，買地作產業的思想雖然減少，却並未完全消滅。有一百年間英國（蘇格蘭和愛爾蘭却並不甚是這樣）已經不是小地主的國，但是實在破分地產，並未起首有大規模的舉行。還有一個使情形穩定的因子，就是本地的律師，他在各省的市鎮整理結束產業，和辦理各種母財時候，自己作一種小交易所，條陳將餘款作有抵押的債款，借與附近的借債人。至於買地變作投機事業，却因大市鎮的異常增長而更甚。有些土地，數百年來不過只有耕種價值的，因爲可以辦實業的地長價，故此就跌價，現在却可以報復啦，現在起首可以作「備用」地要高價啦，旁邊的市鎮一推廣，這種地就是投機事業的材料，到後來就是可以建工廠，或利於運輸的地。這樣的地價，起跌得很利害，一九一〇年就提議要抽這樣不勞而獲的入息的稅。於是立很繁複的法律，却極其難以實行。

階級稍低的人們，早已受過苦楚從事於節省積蓄，很有間接而極其要緊的關係及於投機市場。在第十九世紀的初年，有多少貧人的公會和俱樂部起首發現，最早的重要目的不過是按照各教派的儀節埋葬（那時候還有許多不能享受的儀節），不然就是要葬在較好的地方。要好過七百年來的舊墳地，不然就是辦葬要辦得好看些，好過寡婦們所得的幾個工錢所能辦到的。不久就加上發病養老的計劃，末後發起很有力量的協同貿易舉動。有許多這樣的公會，就在本地運用他們的公款，有取得抵押而出借的，也有用於他們所建設的目的物，至數却都趨向於積蓄一筆存備金，居多是買國債票，但是自從一八八十餘年以來，設立地方自治局或其他本地團體，都有借款的權力，這就加增其他債票，這種公會，因為本鄉本土之故，就買這種債票，不買國債票。有許多如網那麼窖的儲蓄銀行更是這樣，他們都是小局面而增長的儲蓄銀行，存款給息，替主顧們辦些次要的事，買一種現在法律稱爲「保管」債票作爲存備金。這是一種債票，歸一個保管款項人可以借出的，後來若有損失，不怕担責任的。同時惟一謹嚴的政府作買賣的事業，就是郵務總局，組織自己的儲蓄銀行，整數買歸併國債票作存備金。

總郵局是國立的，自然得特別批准，惟當第二十世紀的最先十年間，全數這樣建設，都得了政府的助力或鼓勵，不過形式不同。英國於是變作以信用作爲一個根基的國，組織在最先，又是最專心的組織，非各國所能及，脫離窖藏習慣最快。至於歸併國債票和其他資格較老的債票跌價，這樣構造而成的公衆受害淺，個人受害深。其實個人所執存的，今日仍屢演慘劇。

這樣一來，把用得很鬆泛的「投機家」「投資家」兩個名詞的意思，弄得更亂了，這個時候，一個投資家，要担任他所執存的債票的本値的跌落到二三分之多，同這許多趨勢有關的就是歸併國債票的進行的減少利息，從三厘減至二厘七五，最後減到二厘半，在二十年間實行，這是財政大臣哥申（Goschen）的計劃。

在第二十世紀歐戰未發生之前那幾年，美國所以變作日見其重要，就是因爲反對這樣的地位。當英國努力擺脫南非洲之戰的許多葛藤的時候，擺脫了之後，却又被向來所未聞的加增軍備的費用所糾纏，就是加重稅則，也不能完全供給這種費用，只好盡其可能的表示鎮靜，既要抵禦向來以爲極其穩當的國家證劵的跌價，又要受勞工們的日見其堅持不懈的要求，和無結果的關稅爭辨的種種震動，北美共和國一入第二十世紀，却享受向來所未有過的興隆時期。人們絕不能期望其對於執存債票的態度，還是同從前一樣。本國的歷史，甚至於本國的心理，都表現日見其廣的分離，其較爲超羣的公民們，勉力的用英文和名姓，和仍用舊時的權量，也不能遮掩事實。美國人比英國人尤爲難以準確的辨別什麽是投機什麽是投資。

美國誠然也發生規模較小的田主們大買土地，但是卽以田土的市場而言，也有與英國相似的種種潛力流行，更好以土地作投機事業，作投資事業的較居少數，美國還有更爲驚人的市鎭外的長大，也有新區域陡然發展的面目，幅員旣大，這是自然而然的事，不列顚三島，在一百年前，已經過了。

最重要的是財政界內的投機。美國人種性的不停頓的貪財之心，記得更爲新近的停止兌現辦法，幣制的爭論，和省債不給利息，都不能使任何美國債票達到頂尖地位，有如英國的歸併國債所曾享受的。見證人的話，比這個還要說得切實些。普剌特(Pratt)曾引過谷爾德(Jay Gonld)受研訊時所說的話，（還有比他曉得更清楚的嗎？）谷爾德說道：『人們是願意投機的。你們的牧師，醫生，薙頭的，都是一樣的好「投機」。』這位紐約債票交易所的老手，這位或成或毀不知多少大計劃的大人物，顯然並不是說美國的中等人家是投機專家。他的意思却準確的與我這一卷書所欲證明的結論相同，即謂投機的能力，是極其廣播的，純粹的却不多。普剌特的書上又說：『有大多數的投資家，花錢買了證券，是願意有利就出賣的。』我們還要加幾句話說，以英國歸併國債而言，毋論執存這種債票的人如何以爲接連給息是一件必定的事，即使利率是極其遲慢的減輕，也還是這樣想，但是低減既久，總有一天，因爲利息有恆的接連跌落，他們就起首想到出賣。這個時候在美國較來得早，早過在保守主義的英國。

我從這本書再引一句最有發明的話：『一個投機家買債票，如同一個商家賒賬買貨。」我們可以見得一個商家平常買貨的舉動同買債票的人的舉動很有相同之處。一八九八年至一九〇七年間的美國歷史，顯然就是這樣，這幾年是最興旺的年頭，末後還是出禍。我們可以注意之點，就在乎英國當發虛日增，和逐漸緊急，如中葉時候，却在這個時期，避免任何趨近恐慌的事。所謂信用環循的周期性，不實行啦。這樣的學理，在美國却並未趕到相同的程度。除開戰時所包含的國裏的諸多爲難不計外，美國亦受一八三七至一八三九年的世界恐慌的一部分，受一八五七年恐慌一部分，至於一八六十幾年的擾動，尤其是一八七三年和一八九三年的擾動，誠然不與歐洲的陷落同時。倫敦所得力的合羣的睿智，起首生長於美國，即謂有先見，有方法，有知識，使恐慌廣播消息的術動變作減輕，變作無害。晋刺特指出一九〇一年鋼廠罷工之後，加以馬琴力大總統被暗殺，國內的情形仍是很穩定的，銀行們組織一個聯合會，用八力方法維持局面。在這個當口所要的感覺，就是這樣發生啦，力量大過消極的（負號的）或恐慌的感覺，這都是這諸多事變所自然發生的，既有這樣舉動，危險時期是比較上短些，但是一比較數目就曉得這時候的地位比一八八一年加飛爾(Garfild)大總統在位末年的地位危險得多。

馬琴力大總統被暗殺是在一九〇一年九月六日，是星期五。立刻就發現效果，比加飛爾大總統被暗殺時嚴重得多，（此下列債票跌價表甲）因爲實行幾個辦法，九月九日的市價有恢復狀態，馬琴力大總統是九月十四死的，較少沉滯效果？

加飛爾的星期六日，債票市價並無利害的跌落。他被暗殺那一天是一八八一年七月二日，是星期六。

這就可見得一九〇七年極嚴重的坍塌是尤爲異常，况且這一次並不止是不

公司行號 債票	九月六日賣出	起	跌	九月九日賣出	起	跌	九月十七賣出	起	跌
聯合公司	28,600		6	30,100	$2\frac{7}{8}$		69,400		$2\frac{3}{4}$
聯合化煉	7,900		$3\frac{1}{4}$	9,600	$2\frac{1}{8}$		1,700		$1\frac{1}{2}$
安拿昆達	2,600		$2\frac{1}{2}$	2,700	$1\frac{3}{4}$		1,800		$\frac{1}{2}$
Atchison T. S.	53,600		$5\frac{1}{4}$	62,900	$3\frac{1}{4}$		33,400		$\frac{7}{8}$
Balt. & Ohio	4,900		$6\frac{3}{4}$	4,600	4		3,900	$\frac{1}{4}$	
B. R. T.	11,900		$4\frac{3}{4}$	15,400	$2\frac{7}{8}$		9,100		$1\frac{1}{8}$
芝省大西	3,600		2	4,200	$1\frac{3}{8}$		3,400		$\frac{1}{8}$
Chesap & Ohio	3,100		$3\frac{3}{4}$	3,600	$2\frac{1}{4}$		3,900		$\frac{5}{8}$
伊利公司	39,100		$3\frac{3}{4}$	86,500	$2\frac{3}{8}$		44,200		$\frac{1}{8}$
普通電氣	400		12	11,00	$7\frac{1}{2}$		140	$\frac{3}{4}$	
皮革公司	4,100		1	5,200	$\frac{3}{4}$		9,000	$\frac{1}{8}$	
Lonis & Nash	10,200		$3\frac{3}{4}$	11,000	$2\frac{1}{8}$		8,300		$\frac{1}{4}$
Manhattan	15,700		4	12,000	3		47,600	$\frac{3}{8}$	
Metropoliton.	1,900		$5\frac{1}{2}$	3,300	$2\frac{1}{4}$		4,300		$1\frac{3}{8}$
Mo. Pacific	11,100		$5\frac{1}{4}$	12,400	$1\frac{7}{8}$		22,200	$\frac{5}{8}$	
紐約中央	4,900		$5\frac{1}{4}$	3,000	$1\frac{3}{4}$		3,600		$1\frac{1}{8}$
西北	14,900		$4\frac{1}{2}$	6,200	$2\frac{3}{4}$		8,600		$\frac{1}{8}$
N. T, O. & W.	7,600		$2\frac{3}{4}$	15,300	$1\frac{1}{2}$		6,900		$\frac{1}{8}$
賓省公司	27,800		$4\frac{3}{4}$	16,800	$2\frac{3}{4}$		7,600		$\frac{1}{2}$
煤氣公司	5,600		$3\frac{3}{4}$	5,600	$2\frac{1}{2}$		9,800		$\frac{3}{8}$
勒定公司	11,200		4	11,600	$1\frac{3}{4}$		44,800		$\frac{1}{4}$
洛島公司	2,600		$5\frac{1}{2}$	2,200	4		4,600	2	
橡皮公司	700		$1\frac{1}{4}$	無貨					
聖保羅	32,600		$8\frac{1}{2}$	74,100	$6\frac{1}{4}$		64,700	$\frac{1}{4}$	
南太平洋	40,100		$4\frac{1}{2}$	58,100	3		32,100		$\frac{1}{4}$
So Railway	36,400		$2\frac{7}{8}$	27,100	$1\frac{5}{8}$		29,300		$\frac{3}{8}$
糖公司	10,700		$5\frac{3}{4}$	3,000	$2\frac{3}{4}$		13,500	$1\frac{1}{4}$	
Teu. C. & I.	8,400		$5\frac{3}{4}$	7,100	$2\frac{3}{4}$		4,100		7
得省太平洋	5,600		$5\frac{1}{4}$	3,900	$2\frac{1}{4}$		2,600		$\frac{3}{8}$
聯合太平洋	62,100		$5\frac{1}{2}$	80,100	$2\frac{5}{8}$		110,800		$\frac{1}{8}$
美國鍊鋼	61,700		$3\frac{1}{2}$	45,400	2		31,900		$\frac{1}{2}$
西方聯合	1,200		$2\frac{1}{4}$	3,100	$\frac{3}{4}$		12,200	$\frac{7}{8}$	

過一種債票交易所的危機。其實紐約債票交易所已經大部分的清理買入望起的地位，膨脹是自外來的，自大陸的較遠部分來的。撇開諸多這樣普通考慮不論外，這次所受的大損失的唯一充足理由大抵可以追溯於大貿易團體當時熱烈的運動政府限制和查辦，在美國的理財上的諸多事體內，這樣的運動幾作最接連的諸多勢力之一。

公司行號　債票	跌
N. J. 中　央	$4\frac{1}{8}$
太平洋中央	$5\frac{1}{8}$
C. B. & Qunicy	2
C. M. St. P.	$5\frac{1}{2}$
Chio & N. W.	$4\frac{1}{2}$
Dd L. & W	$3\frac{1}{2}$
Denver & Rio G.	$3\frac{1}{8}$
Lake Shore	$3\frac{5}{8}$
Loris & Nash	$4\frac{3}{8}$
Mis. K. & Tex	$5\frac{5}{8}$

這是末後一次發生人所深知的第十九世紀效果之及於第二十世紀最先列諸國的諸多理財界的逐漸的徵驗方法及知覺，這次的事變，與同類的全數事變相似，發現之後，也就過去啦。除了個人的吃苦之外，（當我們在二十年後回顧從前，以年代論，不過二十年，以閱歷論，好像是數百年，）遺留的痕跡不多，除非是昔剌特所指出的一九一四年可以看見的效果，即謂當這些年間，當領袖的人們，和有責任的人們，很思慮過一番。是故宏大的近代理財中心點的外觀結實和合理的組織的極其新造和極其麻木之處，自學者觀之，要作爲一宗有力量的警告。今日的信用，經過全數新近的發展，有其可以適用之處，羣衆也曉得利用（說到運用信用的繁複機器，羣衆只有很小的一部分的操縱），今日的信用仍然不過是一件感覺（情操）的事，只是感覺（情操）的事，有上文的討論可以加一層證明其是如此。只因這樣的震動是極其直接和顯現的，故此可以使這部機器抵禦這種震動，立刻號召可用的隄防，和分散的甚至於反對的與有關係的人們的一種有力聯合，如同遇着任何天災橫禍，失火，船隻觸礁，衆人聯合拯救；然而尙有弱點可以受攻擊，旣受這樣攻擊，若不能直接和結實的號召能恢復穩定的諸力，以爲抵禦，就要失敗。

這時候的紐約債票交易所旣經過最後的自然危機，是一個有一千一百個會員的團體，從一八六九年起，就有了一個被承認的所在。這是國人的建設，其他重要的交易所，在波士頓（Boston）芝加哥（Chicago）匹茲堡（Pittsburg）聖路易（St. Louis）等處的，都依賴紐約交易所，亦如英國法國外省的交易所（各有本地的市場是他們能夠定價的）大抵都是依賴國都的大市場。紐約的交易所是每日淸算的，不是兩禮拜一結的，與倫敦交易所不同，但是紐約却有組織極其繁密的債務的便利，除了這樣的不同辦法之外，這兩個大中心點之間的差別，是很少很小的，不如世人所猜度。以大端論，美國有餘裕的人，並不難於藏富於容易買賣的證券中，並不難過在英國。

雖是這樣，普剌特說，在一九〇三年，倫敦仍然是世界上的交易所，仍是大中心點，紐約不過是半個世界的交易所和中心點。在這一年間紐約所列的外國債票的種數和款數是很有限的，卽使把英國的各種歸併國債列入，也不過這樣，在彼一方面，歐洲交易所却仍有幾部分是買賣北美鐵路及其他股票的。

在這個時候，以事實論，毋論任何小國想借款的，簡直不必同紐約商量，也不必一定要同倫敦商量，巴黎仍然是這種借款的極其重要的中心點。又因聯盟的綱，比於善意的聯合，愈收愈緊，巴黎日見其加增的供給俄國的需要。那

巴黎證券交易所

時候的事體進步而且有過於此，因爲那時候關於巴爾幹（Balkan）諸邦，仍有活潑的感情，等到一九一二年斯拉夫（Slavs）諸小邦同土耳其鬪戰時，就發生法國的危機，好在只是限於法國，但大概而論，巴黎的交易所的範圍，比較上較爲狹隘，個人的才藝是很高的，不會受攻擊的。自從拿破崙設立債票交易所以來，頗經過幾次黑暗日子，都因改變政體之故，巴黎債票交易的危機，不如倫敦那樣的有周期，大抵都是發生於人力的製造。一八三七年和一八五十五六年的擾動，巴黎交易所也預分的，但是所走的都是自己的歧路，當一八七一年的政治翻騰時，還能維持一種很有標記的結實性。法國在第三次共和之下，受過幾次的快要發生戰事的恐嚇，巴那瑪（Panama）騙局發露的時候，尤其受驚，但是到了這個時候，法國人的國性，尤其是巴黎債票交易所的心理，正在取得近代的形相。流俗的劇場和報館都表現法國人是一個無定性，不穩定的人，却是大錯。法國人的毛病其實是過於結實，過於牢固的拘泥形式。例如巴黎債票交易所限定七十個會員，章程是一八八五年批准的，受一八九〇年的修改所調整。自然而然在交易所外的經紀們，很有用武的餘地，因爲債票交易所的會員是要介紹的，變作有市價的底缺，還要交一筆頗大的押款才能當會員。巴黎債票交易所與其他各國的交易所有一種最令人注意的分別，這個交易所有類似官辦的面目。會員是稱官員的，法國大多數的人是永遠土著的。是故當第十九世紀初年，他們都不甚曉得交易所的會員們是幹什麽的，有許多人還不曉得有這種樣的人。這時候才起首嘗試打破國人的窖藏習慣（有當時的通行著作可見）；在法國的耕牧和種葡萄的地面上，最有勢力能夠打破他們的，還是鄉下的律師，在耕牧的人裏頭，以他爲最有勢力，英國美國的鄉下律師們都沒得這樣勢力，同鄉下律師合手辦事的，是一個賣債票的兜攬人，簡直的在鄉下裏四處跑，帶了一大口袋的不記名證劵出賣，那時候法國人喜歡不記名債票不喜歡註册債票，當這個時代的末年，法國的積蓄就是這樣付於俄國之戰的緊急需要，也就是這樣把四十年前德國所要求的戰費在極短的時間清還，英國人或美國人習慣於市鎮生活的，見慣了許多條街都是辦公室，有許多銀行和財政的字號，習慣了用紙的，看見法國人這樣的情形，必然是很詫異的；法國又有許多人是藏富於小買田地的，所用的國幣就是辦理得很好的法國銀行的紙幣，支票的流通，是比較上受限制的：英美兩國的人，看見了也更詫異的。但是巴黎債票交易所的數目，在國際理財中，這時候仍居於第二位，有如普剌特所派定的，顯然足以供法國自己的分散的和不甚顯著商業的活動所要的額外信用和籌借款項的諸多利便。

通行全個不列顛帝國的辦理可以買賣的證劵的全個系統的逐漸鞏固，原有諸多殊可以注意的面目，其中之一，即是有限公司現在得了威望。自從中古的時代承認行業會館以來，毋論什麼時候都無頗與這樣相同的辦法。別處也無這樣辦法，有限公司既不是害人的發財利器，也不是受過許多討論的美國托辣斯辦法，有限公司，比歐洲大陸的如法國的合股公司或德國的合股公司，發展在較早，迅速的採用範圍又較廣。其實這是一種衆人所承認的設立，毋論任何形式的貿易。或其他聯合許多個人的會社，都要是有限的。我們有極公平的憑據，證明這件事實。我們要走出經濟學理想世界之外和實行營業之外，找這樣的一個團體在社會中所居的地位，然後能夠較爲明白的曉得有限公司有什麼意義。有限公司發起，同英國社會有什麼關係！我們不難找出。當一八八十餘年和一八九十餘年的時候，不列顛尤其是英國，更尤其是倫敦，到處都有一種歌唱的娛樂，從前有過發端的，現在變作很時髦，把從前這樣的娛樂蓋過了，後來很有摹倣的，很努力的要追回已失的迷人屬性，却辦不到。這種娛樂却是專屬於這個時代和這個地方的，這却不是指地點而言，是指社會的一角而言。這個時候的英國，很和氣的涵容有土地的貴族。英國不像法國，既不姗笑或疑心這種的貴族，亦不如美國那樣驚訝和羡慕他們。英國貴族過他們的日子，是一種裝飾品，很結實的，高自位置的，最下級的人民們還未變作能說話的，如二十年後那樣。那時候可以說是不知有勞工名詞。英國的生機在乎倫敦的發了財的商人們和鄉間的商人們，他們正在從早年的頓比們（Dombeys 這是迭更斯一本小說裏的人物譯者註）和紐卡談茲們（New Comes 是塔刻立 Thacknay 一本小說裏頭的人物譯者註）變作哥爾斯衛狄（Galsworsby 是今日生存的有名小說家譯者註）的福賽特們（Forsytes）。那時候在這種的人們面前，演一組所謂詼諧樂劇——都是諷刺世情的，作者是一個律師名吉爾柏特（W. S. Gilbert），編音樂的是一個音樂家，名薩力凡（A. Sallivan），捧他的人很不少，這種詼諧樂劇很活現的描寫那個時候的世情。吉爾柏特的詩句的尾聲的抑揚，薩力凡的音韻的長短，多少都是得自火車顛動的節奏，活畫出當時的英國，能使的確屬於英國的一類人，發柔和又不得罪人的大笑。有許多輕鬆爽快的情景，和有規矩的跳舞，先後拿貴族院，平民院，陸軍，海軍，司法界，醫界文學，戲劇，作背景。雖是譏諷人，却不傷人，音樂又難以激動較深的情緒。我們要問，這樣的娛樂，能夠使一個拘泥形式的法國人，或一個貪得無饜的美國人坐下來，看到演完了麽？他們就許可以連同或分開的推得結論，說英國的多數建設都是假的，是霸道的，是爲衆人所深恨的。但是本島的人却曉得更深。當時的公衆生活，和各種動作，有許多是胡鬧的，這是無可疑的了。却都是行得通的胡鬧。他們所要求的，就是行得通。他們是拿一種無害的東西替代貪贓行賄。在這種替代之下，他們是極其發達這一組的詼諧樂劇的最後一本叫作『烏托邦有限公司』，這是挖苦有限公司的。這本戲的故事是表示在『有限責任法令』的章程之下，接辦一個烏有的國。當時所奏的腔調，令人聽了不能停脚的，當看戲的人很和氣的大笑的時候，有一個戲子描寫成立有限公司的手續；當日好利用這種章程的人，很曉得這種手續，微笑，眼開眼閉的任從進行。不當是一件事。

（以下是唱歌）。

有七個人成立一個會，

（若是能辦到，七個都是貴族和小男爵，）

他們一起手就當衆宣布，他們立意還債到什麽程度。

他們募集的債，就說是他們的資本；倘若他們是小心的。

他們不要說太大的一筆款。
數目却是不要緊的，原是不拘多少的。
一千八百鎊起，到十八個銅錢止，都可以的。
我願宣布的數目寧可少：這樣辦法的好處，
毋論任何一個買債票的人，立刻就明白。
到了要你說你想還多少的時候，自然是越說得少越好。
只要有人相信他們，他們就同這個人交買賣。
資本多少是很可以不必問啦。
（原是靠不住的，但是慣例允許的，）
辦銀行，辦鐵路，辦借款，辦巴那瑪運河，都可以。
要辦的事，不要怕太大——

這卽很公道的，是拿常識作根據的——
你若辦得成功，你的利錢很大，
倘若你失敗，嘣一聲响，丟了你的十八個銅錢。
叫耍錢的人旋轉，不過你是一定贏的。
沒得人罵你行騙的。
因爲沒得人能夠曉得，在一百萬左右。
你的資本是怎樣花了的？

這幾句挖苦的歌，所說當日的情形，是很確的，現在還是確的，却是無人笑的。這一篇的描寫，是很確切的。辦法還是一樣。法定的七個人，在今日就是無名的錄事們，發起人替他們每人認一股。今日仍然是用有土地的貴族作經理們的明星。執股票的人所作的事不受試驗的，公衆仍有權不必一定買，後來亦不必買股，除非是他們願意，衆人看見是一位貴族，以爲他是有了資格當經理的，也就願意投資，那時候還有許多機關作介紹人請貴族出頭，有的是貴族，故此請貴族當經理，不過是例行的事。一個公司的資本多少，和分爲多少股，是沒得限制的，自從吉爾柏特編這幾句歌以來，只有一件事實可以作隄防，一個公司的資本，若只是十八個銅錢，就難以在債票交易所登行市。這樣成立的公司，就『進行同相信他們的人們作買賣』。在商業場中有幾處享受特別利益的，誠然還是要有介紹，這都不是通行或必不可少的入手辦法。很少的英國公司是原始因爲貿易發起的，居多都是接辦的，實在是重發資本，辦一種營業，或因原始的個人業主想全數抽回或抽回一部分他自己的本錢，這個營業，他已經組織一種手續，得了專利執照，或已建機器廠，他所以招人接辦，或因他已經有了成效，已經變作很興旺，邏輯上不能期望這樣情形接連，不然就是因爲他未收成效，願意把損失，盡可能之量，移到別人身上。至於實行貿易，不會有爲難發生的。今日公司招股的說明書，是極端的公開的，各日報以很多的有或多或少獨立性質的討論理財的社論，批評這種的說明書——作這樣社論的個人也許有成見，也許會看錯的，也許因爲人性有弱點變作偏聽，這樣的疵類却並不是永遠的或普通的，有害亦有利——都是很有利於投資家或部分的投機家，倘若有頗多損失，只要怪自己；凡是執存任何形式的財產，都會跌價的，因爲有自然的殘損，明理的人都不掛懷，惟是損失多過一定的比例，又當別論。

當個人的執持股票的人變作日見加增的無能爲力，他却得了其他防護。在多數特准公司或有限公司中，執股票的人並不限制於買平常股票。這種公司逐漸加發特種股票或優先股票，買股票的就有一定的法律上的安穩，不然就有較為有疑問而較為現成的優先利益。

鐵路公司有帶担保的債票，辦實業和其他營業的，有特種股票，是拿公司的產業作抵的，或附於優先股票的先提取欠給利息的辦法。倘若公司屆時不能付息，他至少也有補救。況且投資家常能折回於英國政府或其他政府的債票，市價雖然有跌落的趨勢，誠然人人都以為是很安穩的，什麼都不怕，只怕地震，執股票的人是很深信的，他不會着急走這條末後的路。英國人長久接連在公司的經理部內容忍有土地的，尤其是是有爵位的人，是難以解說的一件事，最好的解說莫如說英國人仍然是很勢利的。這是固有的却不是完全出於執拗的。不列顛其他各處較差。

他們不獨覺得凡是一個上等人必定有良心。他們還曉得有一個有爵位的人，事實上是不能與結實的地產分離的。所以凡是貴族，都不會逃走的，比喻說或按事實說，都是這樣。若是當真逃走，也不會走到很遠的。我們曉得，有幾次，有一位公司的總理，他是以別的事體出名，不是以理財出名的，當開公司的股東常會的時候，有幾次不能不宣布極其令人灰心的話，還受詛譁的歡迎，不然也受不開口的扶助。

自從一八九十餘年以來，大不列顛的理財的人們，從最富的，有名的，經理，大股東們，往下數，經過專門理財家，債票經紀和販家，以至於大多數的小股東，其實都增加的變作結實，和保守的。保守兩字，指較廣的意義而言。雖指這兩個字的特別政治意義而言。同這個趨勢在所必不能免的湊合起來，就有許多常識，和增加的失了恐慌的知覺。諸多舊的現象，久不久的發生，發生於很有名的個人，不久就糾葛在重要的或次要的不名譽的事，打官司，不然就是震動一時的破產。不然就是某市面很熱鬧，市價日起——一九一一年的橡皮股票就是一個可注意的榜樣。但是這本演過多次的戲的第二第三幕，向來未演完，一七二〇年，一八六六年，甚至於一八九〇年的日子，絕未回來過。很許是因爲市場變作太多或太廣。很許是執股票的人們已經種過一種投資的痘，不至發生一種病，把全數的餘資都投在一個營業或兩個有關連的營業，也不會投資於在一個個人指揮之下的營業。毋論準確的理由是什麼，想摹倣羅約翰，和愛斯拉比，佩勒爾(Poreire)和哈得孫的人們，都是絕未掌過事權，如羅約翰們所掌過的。

況且有許多在外府買賣債票和股票的事，都是經過經紀們的手，各府或製造市的銀行家和律師，養着這班經紀，他們爲自己的名聲起見，且爲執這種行業的職務，和公衆的政策所激動（我們可以希望他們是這樣），日見其增加的，對着他們的主顧，獻正經和權衡利害的條陳。古老式的恐慌，的確不能成為事實，發生於這一個或那一個市面狂熱起價的諸多情形却較易於明白。因為人們多受教育，也許會曉得多少普通警告，也許還保留古老的，不正的，判別的，疑及債票和股票的市面。人們就詰問自己，為什麽市價會這樣高，是否能夠照這樣的接連加高。當橡皮長價，長到每磅二先半的時候，衆人都覺得這樣常用的物，不能接連保着這個價錢，股票價值必要跌的。個人的損失是必定有的，但是並未到禍及全國之點，買賣股票的專家顧着自己，這是無疑的了。好事的絕不深入，也不是用全副精神作這種的買賣。所以買賣債票股票雖然一年一年的增加，意思是常想發幾個錢的財——不然也想投資之後得點餘利，有田產的人們，雖然不復看不起這樣的事業，商家和製造家也不復疑心這種專業（這兩種人因為很密切的也作這種事業，故此不至於疑心），凡是專家大規模的，或常人小規模的，作這種營業的，於是好像得了一種暗淡的結實性，我們若再考慮所謂信用循環的翻騰的末後時期，與我們這個時候，相去並不甚遠，據這樣看來，大不列顛的諸多經濟情形的穩定性和嚴正性，原是好景象，他姑勿論，外觀却是這樣。我們計及英美兩國重大的不同情形，可以窺見美國也有一種可能的同樣手續，美國且有當權的政黨和執政團體，日見其增加的與操縱財權的人，同一鼻孔出氣。操縱市面，有名的個人們和團體的外現其爲從血統得來的剝敵人頭皮的（北美土番的行爲　譯者註）心理，日見其漲大，和難以調和的運用專制權力，反發生較少的擾動。這樣的諸多屬性久不久就發現，立法院就要想法子節制他們，但是在北美的生活諸情形中，有另一事實。（大陸的南部却發生得很遲，程度也較低，）起首有一種推倒一切的勢力。

我們已經說過歐洲人與新世界的人相切近，就覺得他們有一個缺點（若可以稱爲缺點），覺得美國人無一定的目的物，無界限，一經達到就可以給他們多少報酬和安閒的欲望。若要說得更明顯，就是說他們不夠勢利。美國的貨物交易所和債票交易所的大人物，向來不告退，不去取爵位，不求宮庭歡迎他，不肯坐下來寫一本追憶錄，就心滿意足啦。他們是有進無退的，很爲難的增加他們已得的非常豐厚的財富，却又不能不費力保全，我們已經提議過說這是種族和氣候使然，但是我們此時與有關係之點，却是假令自一九〇八年以來，廣大，蒸蒸日上，和接連的興旺的平衡勢力，不是在北美的一個重要因子，這樣的一組情形可以變作極其嚴重的。因爲這樣諸多極其不同的理由，美國也有同莊嚴性；因爲別一組的理由，法國却外現已經過了挑戰的試驗主義時期，安定下來，和平的維支法國的比例上非常大的國債。

一九〇一年一月二十四日，倫敦債票交易所的正式市價單，四面有黑線，這個很偉大的理財組織，是當這位君主在位的時候，達到完美之點的，現在君主死了，這個交易所哀悼她。這時候的歸併國債共合五萬萬鎊，市價是九六有零，以後絕未到過這個數目。這時候的利息是二厘七五，後一年，在作者所已提的計劃之下，利息減爲二厘五。但是減息是極其逐漸的減，在英國理財界中，誠然並無有定的感覺，深知一個時代是已經過去啦。以後幾天是跌得很輕微的，令人不覺的跌。後來六個月內，不過每萬鎊債票，跌三個點子。這時候誠然曾發出南非洲戰事國債三千萬鎊，其他種類的國債，共合一萬萬鎊左右。雖然有這樣的加增，大不列顛的可以買賣的公債，比一八一五年大有限，這個數目，拿來與增加相比——戶口增加是慢而有恆的，全數人生的享受，是增加得快而永久的——就使總數變作比較上的不足重輕。

當時的英國投資家，在國債之後的，還有二百五十種英國的自治局和殖民地的債票，款項相等，投資家可以選擇。今日令我們注意的事卽是當日大多數的自治局只敢借小債，只有十二處自治局所借的債是過了一百萬鎊，惟有倫敦所借的，超過一千萬鎊。以這件事而言，美國却當了領袖，也許是爲必要所逼，必定是爲較爲有進步的前程所助，惟美國市鎮所借的公債票，並不在倫敦正式登列行市，我們必要相信當時的趨勢，居多是本地人買入，並不現於通國的市場。英國殖民地却不然，新西蘭(New Zealand)已經借了最大的一個債款，這却因爲這個殖民地這時候的法權是最集中。繼起的就是外國債票或借券，是一張混雜單子，我們曾經考查過根柢，還有未付息的小票和其可疑之樣的穩定性和點。這一部分在該年的平均日子，只表示二十次的交易，與這個市場從前的亂買亂賣時期相差很遠。

我們看見在洛士柴爾德與貝盤之間，有德國銀行出現，也是發行這幾個債款的債票的，這是一件有意味的事。

還有一件可注意的事，就是俄羅斯借債仍然是比日本借債便宜。市面最活潑的就是英國鐵路公司的平常債票。他們仍然還宣布很厚的餘利，發出債票高過面值。還有動人的特別股票，大約都是三四厘息，有有擔保股票，有優先股票，股利是要看每年的餘利。我們今日看這樣的數目未免詫異，因爲在那個時候三厘息是英國國債票折中利息，尚未扣去所得稅，這時候這種稅是很有限的，不過一鎊取一個先令。跟住就是印度鐵路公司和英國屬地的鐵路公司，有幾處是跌價，却仍然是人所樂買的，試看這樣的出息和國債票的出息很相近，而且這樣的股票交易很少，就可以證明人家買這種證劵是永久的投資。

在此之後登列的，就是美國鐵路債票和股票，是用美國金圓算的；倫敦仍然還喜歡用這種籌碼。亞奇松(Atchison)托皮卡(Topeka)，伊利(Evie)，勒定(Reading)，南太平洋，聯合太平洋，諸鐵路公司的債票股票，都很有買賣，

鐵路瘋狂（宣佈二先令半的紅利，股票持券人的激動）

大概是投機的多，投資的少。美國幣制的諸多爲難，看市價單就可以明白，因爲銀圓，金圓，金鎊市價是分列的。外國鐵路債票的市價是列了很多，除了阿根廷的以外，買賣都不分踴躍。倫敦與南美共和國的關係是不能磨滅的，在這個市價單上，不過是一個因子，其他因子却是該國的比較上的興旺。大概而論，我們不能不恐懼這個市場的寂靜，並十分由於投資的不肯鬆手，其實由於有一部分的人，已經受這種債票的累，無法子擺脫。這是我們從買賣既少而款項又不大得來的理據。

再後就是四百家釀酒和蒸酒的公司的債票，這是當時的模範實業，因爲南非洲軍事調動軍隊，他們的營業很茂盛。這時候商業和實業部分只有八百家，却有十餘家借債借到一百萬鎊的。殖民地，外國自治局，地產公司和相類的公司，投資信託字號，都有好幾家；最後有幾個小部分是登列保險，五金，自來火，自來水，電報，電話，航業，茶與咖啡，有軌街車，無軌街車等等。開礦部分只有二十家的名字。自然是很寂靜的。

這就是倫敦的面目，在第二十世紀開端，仍然是理財投機的中心點。此後十四年內，歸併國債票雖然接連的跌價，債票交易所的市價單却多加了四頁，這是多加從前頁數三分之一。我們計及這本册子內的布置和標記交易的小改變，至少也表示營業並未減少。歸併國債票此時的市價是七四，這是表示接連的跌價，即使考慮及利息減至二厘半，亦是跌價。到了這個時期，自治局頗增加借債，因爲正是地方自治和社會的立法大擴張的時候。殖民地政府和自治局債款也見增加，政府借款却尤爲熱鬧，大約是播傳帝國主義的結果，同時有幾種借款的市價重新定過，使與歸併國債票的出息相同。阿剔厘阿（Ontario，即舊稱上坎拿大upper Canada譯者注）這時候借了一筆按圓計的債，這個地方變作很熱鬧。在外國部分，阿根廷，智利（Chile），中國債票名目更多，這時候日本同俄羅斯換了地位啦。這幾年間的俄國政治歷史，起首表示一個小小的歐化部份治國的政制，管轄塞滿半個大陸的人民，是怎樣一個很危險的地位。巴爾幹戰事亦有反照，蒙特尼格羅(Montenegro)已經名登行市單上啦，布加利亞(Brlgaria)和塞爾維亞(Servia)的債票站得高些，土耳其的債務已經重新組織過，無比較可能。人人所愛的南北美的鐵路債票，享了好幾年福，現在却差些啦，交易的市價和交易的次數都表示墮落啦，這個時候還有一個朕兆，較老的個人所開的銀行也不能不跟着時勢走啦，巴克盟們(Barclays)和馬丁們(Martins)都見得也要在市價單上列價，同從前且不理他的態度不同啦。但是任人自擇的公賣的銀行股票和買期票字號的股票並不見多；因爲我們要記得，有趨向於歸併的很有力量的舉動，反對插入行市單裏的新市價，這種歸併在一九〇一年是在較早的程站；到了一九一四年，規模已經很可觀，但是與我們後來所討論者不能比。還有一個模範的舉動，倘若蒸酒公司股票未跌，釀酒公司的却跌啦。這件事體也許是因爲關於釀酒實業眼前快有法律取締，雖然在大不列比較上相離尙遠，其力足以改變這樣聳醒的風雨表（指股票市價單），有一部分是由於盛極以衰，當維克多利亞女主在位六十年的國慶那十年間，國內是極其興旺，釀酒業却得了許多利益，也由於南非洲之戰所發生的次要的關於各地點的興旺，因爲戰事把最好吃酒的人都調到一個更爲集中的市場，也有一部分是由於國人心理的有定的改變。有一件頗有指示的事，就是資格在前的債票——卽謂特別債票——同平常債票一樣的跌價，表示投資已經到了飽滿程度，和一種普通的不想買入。船隝公司的債票市價見縮，單上已不見薩立(Surrey)和倫敦船隝的名字，諸多原因見之於改變運輸習慣，船隻大小，和新地點的卸貨便利諸多相離極遠的問題。

久已居重要部分的市價單，卽謂商業和實業的債票市價表，當我們所討論的時期，已經多佔五分一的地方，但是到了這裏，我們却要再留神，因爲有幾條新登在表上的是指加添資本，不必是加增的商業和實業出產。在這一部分內增加的諸重要元素，是倫敦的房產，毋論是住宅或行店，還有新食料，摩達，烟，油，各種電氣建造，有幾個鐵，鋼公司，有幾個油，電話公司，已經挪在這個表內分開部分，却不是全挪，同時在其他部分有幾家開設已久的行號，尤其是在郎卡邑(Lancashire)的，現在要在表上登市價，在較早的價目表上，他們雖不是實在的反對，至少也是看得不足重輕。理財公司和地畝公司，或投資公司，這時候是加倍啦，鐵，煤，鋼公司是三倍啦，我們却要計及重新布置，已把許多行號名字，從商業和實表內，挪到名目較爲確切的表中，稍同油現在變作很要緊，現在有他們的指定地方啦。一九一一年橡皮亂起價，已經把種植公司的表大加延長啦。另有一部分也見增長，就是有軌公車和無軌公車，和開列煤氣燈電燈組織的部分，我們到了這裏，又有小規模的普通羣衆們有起色的一種反射，又見得實業中心點和郊外住宅界的人烟愈稠密，然後煤氣燈電燈等等營業乃有可能，可以獲利，且變作必要。

我們從這樣的一種比較，能夠合理的推得什麽普通結論？我們現在所討論的十四年，是在英國達到興旺的漲潮點之後，這個漲潮點可以算是在一八九六年至一八九七年。現在還有人記得比這個時候還早的那一年，因爲其中有一個人說過，『那時候天上無雲，』我們是曉得的，感覺在實現市價內有極其重大而暗晦的動作，可以買賣的證劵，就是按着這樣的市價交易的；包圍一八九○年貝遜危機的精神的增長的結實性，把女主在位六十年的國慶的景象的勝利加於其上。在這樣的心理之上，南非洲之戰的影子就降下來，增加公家費用和發生嚴重而有限度的紛亂。我們的時代，是開始於大不列顛從這樣事變的有特色的面目出來，入於社會改良的新面目時候。是故我們當這個時代，在債票投機事業的主要市場所發生的改變中，若窺見營業的漲潮，是爲某某種潮流所發生的一股斜流所潛移的，我們殊不必怪。理財正在以純粹情狀出現，擺脫出產。故此雖有勞工的擾動和增加的競爭，銀行和同類的行號，正式的理財公司，和全數政府的債款，表現數目上的推廣增加，和交易上的濃烈的增加。這就包括常改個人的老字號爲有限公司，諸多公司的歸併，組織新的國債和自治局債，和遠處的正當的借債事務。這樣一來，有一部分是生活程度普通加高的原因，有一部分是結果，但其間的交際動作是很密切的，我們殊不能說定這一個元素是在那一個元素之先。有許多人從前是從點燈或點燭的住房，走去很小的個人的公事房或作坊，這些房子都是在市鎮界內的，現在不然，起首盼望坐各種機器車出去郊外的用煤氣燈或用電氣燈的住宅。同這個團體的他人們有這許多利便出賣的，起首見得個人的資本，尤其是個人的前程，太過有限，不能應付增加的要求，摩達（汽車）營業，隨帶着汽油和橡皮營業，給我們以最有標記的明證，但是這樣趨勢是普通的。在那一方面，直接依賴出產力的市場，有如鐵路，却表現跌價，因爲每年個人要求較大比率的舒服和便利，他所要求的，不獨是少作事多加工錢，到了這個時候，還有早年理財不善的不能計算的效果。航運營業較爲活動，過於船隝；因爲航運事業仍可以用個人管理，船隝却不然，新觀念以爲尤宜於公衆管理。

這樣的諸多發展又有效力及於優先債票或投機的債票，有如美國鐵路，但鐵路債票所以變作時髦，常依賴於專門名家的頗廣大的手段。總效果就是不列顯三島的戶口增加，資本較多，以地面而論，田產顯然是有限制的，我們且曉得這個時候又並無十分可以注意的重新分配田地，就可以見得數目增加是代表可以經過一種作中人如債票交易所的手中的交易，是信用增加，這件事的自身不過是表示人家更敬重作貿易的個人或團體。這是不列顛文化的惟一功效，可以是永久的功效。在這樣加上一層建築的基礎之上的幣制根底，當這個時期，受過可以不論的改變。以學理而言，這座大增加過的建築物，曾依賴於規定的諸多章程，但是以實際論，可以當作是在另一種世界定的，就是說專爲一八四四年的老實而略帶點擺架子，而且完全不能實行的，理想上的自由主義而定的。這種派頭的理財建築是很古老的，可以算是中古時代的，決定的事實——這件事實依據於優待維克多利亞朝的英國的好運氣，而且到愛都華在位時遍享受的——卽是這種學理，居然幾乎整個的無人敢駁，等到有人敢駁的時候，又很專斷的不理。

在一九〇一年至一九一四年間，並無駁論恐嚇英國信用系統的諸多基礎，雖說在那個時期，不獨投機的和投資的市面已有諸多改變，而且有自一八三二年以來的極大深遠的政治的翻騰作標示，有關於德國的諸多舉動的憂慮作標示，又有幾次的外國的戰事，或遠處的殖民地的戰事作標示，這許多戰事，不列顛人民久已習慣在報紙上當新聞讀，作爲是每日勞苦的息肩的事。

當我們回顧這種變相，覺得其中有點凶兆，幾乎有點致命傷；因爲我們曉得這種變相所引生的諸多事變。烏托邦有限公司的普通情形，拿重大的非個人的管理資本的團體們，治理諸多文明國，實在是處於嚴重危險之地，却並不是無諸多先兆。拿不多幾家的軍械行的發達，同恐嚇細密如網的國際借款的危險相比較，所得的利益是很小的。這些借款都是較爲文明諸國借給歐洲亞洲美洲較爲退步諸國的。遠處的殖民地，就靠這種借款，同祖國聯絡。歐洲人亦因此執有大票的北美和其他實業證劵。但是經濟世界是不能同政治世界分離的，亦如美國不能純粹的維持不干預主義；亦如大不列顛不能折回於維克多利亞朝代時的孤立。吃緊之點，就在諸強國的民族主義的組織，與國民們的諸多需要和欲望之間。擁擠不堪的民衆，不獨要吃飯，還要機器發展所供人的諸多利便，就把有地產的貴族們的種種破舊排場打倒，這都是諸多大帝國的中古時代的組織。帝王所說的「發亮的盔甲」和在位君主們的密切私交旣無力指導，更無力抵禦所謂「進步」的力量的集中衝擊。愛都華第七的調解事功未完就死了，他所建立的事功，簡直是超人的，我們原可以驚詫的。在他死後與一九一四年的七月，其間有四年，是限陡的跌落在所不能免的事變中。在今日的人嘴裏說「命運」是很不中聽的。什麽叫作「命運」，還不是極多數的互相動及的人類的意志和習慣的總數麼？但是只有命運兩個字，合用於預受一九一四年兵禍的居多是好和平的人民們的際遇。在大不列顛人民與德國人民之間，誠然是無什麼大仇恨。法國是有從前受過傷的感情，凡是在瑞士和利維拉(Riviera)遇見貶逐出亞爾隆斯的人，都曉得，我們不能臆猜任何大部分的俄國農人，對於這件事有任何貫串的見解。在另一方面，這個時期的特色，居多是注意於國內諸問題。

說到英國，一九〇六年的前進舉動，原是再煽動國人的社會改令和聯合立法（殆指集產主義譯者註）的嗜好，並不是飽他們的嗜好。不列顛三島的勞工們第一次有組織，亦是第一次在議院有可以注意的代表。一九一〇年的政府預算，內有養老金和保險辦法，這是撥私蓄作公用的一個記碑里，那時候發生諸多頗嚴的罷工。

俄羅斯的國內情形，十年以來都是很嚴重的，瓦解的朕兆全有；我們若說這個極大的半歐化的帝國，是依賴頑固力打成一片的，並非是言過其實的話。奧國是種族紛雜，又有諸多與巴爾幹關係的接連問題，正當說話，原是一件國內的事，就變作一百年的系統的坍場的實在原因。

那時候理財誠然是依賴世界和平，大多數的人民正注意於重新調整其自身以合於生活的諸多新情形，一九一四年的歷史有「命運」的全數現象。在另一方面，將來發生什麼實在效果，是很不能預料的，且表現人類的意志，至於驚人的程度。

第六章　契約的性質

寫歷史有許多爲難，其中一個爲難就是未到我們看見標示一個時代的許多事變的效果反射於第二個時代的時候，往往不能估計第一個時代的重要。自一九〇一年至一九一四年，這幾年間的特異的性格，我們要等到經過宣戰那一天，可以使我們稱那十四年作爲「歐戰以前時代」的時候，我們才能覺得。只要現在這一代的歐洲人們還在世上的時候，就是這樣稱這十四年爲戰前時代，我們要臆猜這十四年必常作爲比較的根基，就靠這個根基，估計這場戰禍的實在，這是結束那十四年局面的。

一九一四年七月末後一個禮拜的事變發生得很驟，理財界估値的是絲毫無預防。我這句說話有危險，因爲曾經如瘋如狂的發了許多重大而未說完的議論，關於誰任這次戰事之罪和早已有預備的問題。毋論交戰國的政治上和軍備上的比較上的預備程度如何，我們顯然見得在理財界內（最重要的中心點是在大不列顛和北美）在衆人心裏，並無活現的預料什麼事變可以發生。德國法國俄國都有金幣的存備，居多是爲陸軍計劃。不是爲國幣流通的計劃籌備的。在操英文的諸國中，連這樣的籌備都沒有。好在這次的震動，有把人打昏了的打擊的全數屬性。各種市場都被恐慌打倒了，動不得；這不是言過其實的話。國外匯兌的機器消滅了。險危所頒發的法令的本性，是在匆忙中規定的。倫敦紐約關閉債票交易所，取銷英國銀行法令（這是五十年來第一次），就表示當時諸多事體的情形是怎樣的毫無預備，怎樣的要籌備也籌備不來，這許多事體的現狀是在前十四年所生長的，是前二十五年所更爲空泛的生長的。如一九一四年至一九一八年這樣大規模的戰事，其實有下列的整個新鮮的面目，當時的理財方法，簡直的是對付不了這樣的大局面。這種改變是很重大的，過於世人所能體會的，從一八七〇年起，德法兩國都是很快的恢復原狀，法國還許比德國快些。在此以前，好幾次的戰事都曾任由如當時所有的國際的交易照常進行，並無重大停止，其在戰場以外的國內貿易，也是照常進行。即以拿破崙的很重要的經濟主義和閉塞主義而論，也還有上千的漏網，隨處都可以取巧規避。在這個時代以前，却無比較可能，我們只能在這裏或在那裏窺見數十年戰事的流毒，害及歐洲歷史的朝代時期，或中古時代的經濟。一九一四年的歐洲，好像一刀切開兩塊，全數中立國都很覺得這件事的反動，尤其是美國；美國要實行許多辦法，是自一八七三年以來所未曾行過的。那時候看出維持信用辦法所必要的流通的靈敏機器，即謂用海棧，頂重要的交易，不過幾分鐘就可以結束，不能用得太多而不出毛病的。交戰諸國却反受較少的擾動。交戰國自然是別有所注意，要趕快設法以合於諸多新情形，他國連最草率的決定還尙未辦到，自然不能這樣容易。

今日有人說，倫敦有幾部分走近恐慌情形，收藏了許多金子，有許多是由個人們包好了交給銀行保存，這種孩子舉動是不會多的：時候也來不及，也無人提倡。這時候倫敦的情形，確無在二百年間所經過十二次那樣的恐慌情形，幸而適値八月間的銀行休息日。若要居民答應這天不放假，還要比歐戰更大的事，才能夠辦到。英國政府曾使許多最偉大的手段，其中之一就是趁着這個機會，於宣戰日起，接連關閉銀行三天；有這三天就有了喘息餘地。宣布了好幾條救急辦法，其一就是一個普通的法定暫停付款。不列顛全國不知不覺的經過幾點鐘極奇怪極嚴重的情形，停止付款的效果，就是國裏的銀行（銀行帳簿所登記的數目是完全代表全國的錢財，他國却無這樣完全）把全數存款戶下的全賬劃出了。凡遇名譽好的個人們或行號們，持支票取款，銀行雖有很寬的照付與否的權。全國的整系的銀行，都有權不付在未須停止支付律的以前所存的款。假使在拖長的休息日已過，銀行再開門的時候，有近於擠取款項的事體發生，銀行不能不極其細心查察求支的款項，且會根據於政府所給與的不付款之權，毋論什麼人來，都一概不付。假使當日有一七八二年，一八二五年，一八六六年的嚴重情形，銀行必然是一概不付的。

却並未發生什麼事端。以理財的投機事業而言，我這本歷史所紀的，當以此次爲最令人驚奇的發展。那時候的人大約是被幾件小事變所預備——就是不停逐漸改變的國人習慣，第二代初級教育新發生的知覺銳利，辦銀行的人（在人情界限內）的鎮靜和有恆的狀態，一八九〇年在倫敦，一九〇一年在紐約已先有這種新心理的多少表示——到了這個時候是第一次實在試驗文明國施於信用上的慢慢出來的紀律和節制。停止付款的法令的效果就是簡化整個世界到經濟學所發明的最單簡形相（因爲其他各國不能抵禦英國恐慌的諸多效果），先要有了新的出產，然後能向銀行要錢，以便存款人可以付新債於他的存款。那時候很少人體會這種情形，世界是忽然回到天堂啦。自從巴庇倫（Babylon）有過一種會計以來，絕未曾有過這樣嚴酷的手段，攻擊人性的勇氣。毋論任何印度的饑荒，毋論什麽中古時代的瘟疫流行，亦未曾以這樣平均的抹煞，施於一種文化的最要緊的資藉。

我們却不要誤會人性的量容，規定這種法令的人，銀行們，實行法令的人，都未盼望盡量的試驗這種辦法的學理。在他們與最不好的憂慮之間，有一層國人的冷淡性情隔住。有大多數的人，簡直不明白施行了什麽法令，頒行之幾數點鐘之內，就可以滿意，曉得無擠兌的事體發生。到了明天，營業的諸多情形，雖然是騷動和吃緊，却露出一種面目來，好像是入水的人，浮到水面上來，起首能呼吸的光景，自己却深信有本事能夠爬到岸，個人受困苦的是很有，尤其是與外國有關係的人，其與敵國有關係的人最受困苦。但是大多數的人，尤其是「平民」，都受得了，用現金用現銀的日子，是一筆鈎消啦，變作歷史的事啦，同從前的封建和教會的機器一樣。這一次的大革命，同全數的大革命一樣，都是由許多細微的事變和時間的不响的流行所造成的，手續是同在海底造成白堊一樣。並無鋪張揚厲的演說標示這件事，兇暴的披甲擧頭，也無力量挽回。大不列顛三島是最少預備的，又最不好考究學理的。既然是這樣，他國就更容易啦。因爲他國一經宣戰，全國都爲國家起見變作極大的機器，運用這許多大機器，就吸收全數的注意，且要求國人的全數的精力。所以一九一四年，在經濟學上所站的地位，其要緊同基督教紀元初年，或東帝國末年，在普通歷史上所站的地位一樣。

這個時機之於其他交戰諸國，危急較輕。因爲歐洲諸強國已經爲民族爭死生存亡而組織，已有五十年，但是後來却表示，事變的效果並不較少是未曾的。

英國受了一個禮拜的軀體上的迷惑不敢動，後來就布置其自身，使與時勢相合，第一可見的效果及於普通羣衆的，就是坦白的不相信。投機事業的諸多利便，立刻減少了許多，此指狹義而言。卽謂，這時候不能作時間的投機，不能用上下差別的手術，未買的或未定的證券，不能求通融，要許多繁複的布置，才能夠把已成的買賣結束，清理向來所未有過地位更是繁複，這種地位自然是發生於國際的信用流通忽然停止；况且有許多證券，在幾點之前，原是可以買賣的物件，到了這個時候都變作敵國產業啦；有許多外國個人和團體，在倫敦和其他市鎮作買賣已經多年，還有已經幾代的，從前都是貿易場中合法律的作買賣的人，現在都變了仇敵，都要受政府監督。信用可比底向天尖頂靠地的一個金字塔（如幾何學的稜錐體　譯者註），過了幾天才明白過來，這座塔所以穩定不倒，只依賴於靠地的頂尖很小的一點，大不列顛的聚居於市鎮，烟戶是很稠密的，民食民用都靠這樣的一座塔的信用接濟的。於是在倫敦中心點的大銀行，同與有關係的政府機關，苦心焦思想方法，匆忙的會商，和迅速的計算。普通羣衆殊不曉得亦不聽見這種事。統計報新近有一位作者說，這時候的情形是將制失了『界石啦。』我們若說大不列顛三島的經濟生活的整個組織都是這樣，海外說英語和依靠倫敦的地方有許多也是這樣，並非是言過其實的。這種的情形可謂吃緊，却不見有受禍的外現明證。英國金鎊是人所共知人所樂用的交易籌碼，不獨是在本國是這樣，通行天下也是這樣，這是一種學不來的有定值的金幣；政治翻騰也不受損失的；是維克多利亞黃金時代最得意的符號。到了這個時候，好像是用了魔術的，金鎊全不見了；我們今日回想從前是不肯相信的。起初是用郵局支票當金鎊，匆匆的升作法幣，後來是用戶部票子代金錢。有一百年來，信用所以不失，原賴有金幣作外面可以看得見的担保，這時候忽然破壞了，原是極其要緊的事，大約衆人都以爲不過暫時辦法不是如今日所已經變作的永久辦法。即使羣衆以爲是永久辦法，却有事實具在，——即謂無事變發生。哲學家覺得（這是不錯的）那個時候是將有大禍發生的時候，不久看見操英語的人大多數都能守紀律，却可以聊以自慰啦。其他諸國也能守紀律，大抵是較爲不出於自然的，歐洲諸國，受過日久教練，以爲今日的，快要捲入世界大戰的漩渦裏啦，關於維持道德，和與道德有密切關係的理財上的鎮靜，英國和諸屬地，和與最有密切關係的諸國，也許以爲最妙莫如以此種維持事功，交與個人的自由意志，助以遲緩性格，有一點的地勢相離甚遠，和不肯相信，這件事又要用着羣衆的不肯相信啦（殆指羣衆不相信是永久的辦法譯者註）。

毋論怎樣，這一停頓就夠啦，等到起首有許多惡消息聚攏來的時候，曉得北海不復是一個有效力的障礙，天下各處，全數的海面都被戰事波及，英國人的疏懈個性，已經把自身重新布置好啦；況且應徵的兵，很迅速的入伍的有百十萬人，現有的組織受了如狂的刺激，又起首有新式自動的組織，不列顛三島的人最容易有這樣的趨勢，他國是趕不上的，就把失業問題，用人問題，和現有的各種機關和組織，都變了無用的問題，都解決了，我們不獨用這個時候的情勢所發生的諸多新需要來解決諸問題，並且用得着英國人特色的助威呼聲

『照常營業』四個字。自同時的諸聯盟國看來，毋論是怎樣的失信，自將來的歷史家看來，免不了是一種不能改變的心理的令人好笑的情景，却能幫助安定人心，和平是無望的了，有此也聊以自慰。

按照能夠預料的諸多成分，按照在前二十年間的著作的預料，這樣的變相也是應該短的，以更甚的禍害爲結局。戰事是投機事業的最大奮興劑，不止發現過一次的了。當情形變作愈加吃緊，有人宣言，一天所放出的子彈，等於南非洲戰事所放出的全數，當爲海陸軍籌備粮食軍械的責任日見其加重的時候，其所及於投機能力的效果，不過是移動其聚會的地方，使處於節制之下，這樣一來並不勸死投機事業，反給以向來所未有過的批准，反得了向來所未想到的一個區域內的惟我獨尊的地位。英國之無預備，和美國之不參加，却實在大有利於這件事。在有正當預備的諸國中，徵兵制所施於個人前程和團體的出產力者，却是致死的效果，在這幾國中，戰事的需要可以掩飾，稱爲國事，稱爲愛國，稱爲英雄主義，不當是煩重職責。要創出一條法令，既要這樣的賅括，又要這樣完全，却與操英語的人民心理不合，有如實在的把全數能資助戰事的營業一律充公，使受制於任何有效強逼之下，原是辦不到的，所以要給新式的生活以一種神色，這種神色是居於一種重大的比賽遊戲，與一種新揭露而極有利的事業之間。有許多個人所受的殘酷，不公道的待遇，都被遮掩過，說得很輕，不然就說是出於不得已，羣衆却還是一樣的同仇敵慨，壯志並不稍減，亦如陣亡的人數雖然令人震恐，並不阻止他人入伍。不列顛三島四面都是海，誠然尚未遭蹂躪，如法國比國，如後來的賽爾維亞，羅馬尼亞和俄羅斯。英國要十二個月才有大規模的陸戰，美國要四年。聯盟國對於這件事毋論如何有不滿意的說話，這樣才能夠給投機精神以一宗額外的自由，等到多年的可怕的賭躊，起首發現一種積攏的效果，投機精神能夠用不止是鎮靜的狀態對待戰事。諸多到底不預聞戰事的中立國，情形却不十分是相同的。西班牙，斯干的那維亞，荷蘭，南美洲都是所失者少所得者多，其中有幾國，因爲理財組織幼稚，或因並不重要，信用劵的市場，並不甚受震動。不久就要他們有很重大的要求啦，他們一供應，國內的社會和經濟組織起首發生改變啦。與交戰國相離太近的諸國很受嚴重的困難，貿易和供給並受限制，凡有放出資本的或依賴資本的，現在都被捲在當時的新名目之內，也是很受困難的。中央諸帝國和他們的同盟們的地位，一起首就受治於盡善的節制之下。他們一面所受的困苦是不能與在外的世界往來，早年却還有美國表同情的人，和德國腦筋和先見，曾爲所謂中立國預籌諸多利便。所以他們不獨能夠取得戰略上的諸多利益，且在很久時間，得着許多受禁制不許走漏的原料和濕糧，且有在陸地行軍與供應的諸多情形之間有可嘉的締結，居然能使實在地位的諸多效果，變作減到最輕的程度，有三年餘。

在戰事開幕時期，有人推得許多結論，有些是爲新現象的永久性證實的，有些是推得太容易，是不能證實的。

不過兩年前，巴爾幹新造諸邦同土耳其打仗的時候，有人自由發論，說這樣的「近代戰事」，仍多依賴於發攡的步兵舉動，用受過德國派和俄國派的教練的軍隊（這時候以這兩派爲最有勢力），却因爲從鄉間徵來的鄉民，身體壯健，才能夠辦到，那時候他們以爲文明的西歐，尤其是居市鎮的人民，不能支持近代戰事的身體的和道德的諸多情形。這一猜却猜得很不對。不料居市鎮的人民，支持這次戰事，比一九一二年的時間長三倍，能受酷烈過幾倍的辛苦，而且文明國還能夠行軍迅速，即使整備透澈如德國，也絕未想到。開戰後幾個月，乃發露極多數的招集好的後備軍，是一百餘年實業主義的民主制政府所能調動的，當中古時代和早年民族主義時代的比較上渺小的戰事，用人與人對打，和個人毀壞的很費力方法，曾屢屢把大幅地面上的文明掃盪淨盡，即使在英國也有這種的舉動，往往一鬧是二三十年，現在所用的超等破壞機器，却不能辦到任何這樣的事。後備軍現在是很多，人的節制他自己的情形之力又是這樣的增加，補足的方法如是推廣，最劇烈的戰事，在許多方向，只有界限最窄的效果，在較早時期，確是這樣。所以不獨能夠忽然的增加已經受過間斷，有時且受過幾完全消滅了的供給，文治和軍事的，陸路和水路的，建設材料，和極多的軍食和軍需．槍礮和子彈所要用的五金和化學物料，而且還能夠在離濠溝幾粁（公里）之內耕種，同時有人說過信用（這是文明生活的最便利的嬌嫩妙法）是太過脆薄的東西，不能受一個禮拜這樣的折磨，誰知信用反能有無限的延長。

其中自然有幾個重要因子發現，是不能預料的。第一件，對敵的人數，初時兩造是很相等的，其效果就是如在象棋的攻將帥的情狀，實現的打仗地點，大部分變作有了定地。第二件，發展得很快的人道主義的「日內瓦」哲學，正當兩造交鋒的時候，居然減少受傷和患病的蹧蹋，在一個時期間，減輕全盤破壞的效果。第三件是兩造人民們的道德紀律，任由在兩對方維持信用，且任由每方取得最富強的不預聞戰事的國（即謂美國）的貨物和信用（借款），這件事却遮蓋住這個地位的一種嚴重而拖長的效果；眼光頗遠的人，却早就窺見金子不停的，數目異常之大的，流入美國，將來是會有這種效果的。況有幾位最深謀遠慮的人起首疑及信用的諸多數目，表面上是很容易創造出來以供新要求，很快的變作極大，令人見了，幾乎不知意義，這種手續，是與本著作有最密切關係的，却是很慢的，很是出乎戰國或不預聞戰事諸國的普通羣衆的體會之外的。投機家現在是不能在同業聚會之處運用他們的向來手術，反找着寬廣而極其增加的用武之地，他們得着用武之地於工廠和運輸建造的宏大發展，世界上幾乎各部分都有，這是更重大的理財活動的記號。重新整理兩個反對而分開的諸多國際的市場（或多或少的依賴於第三個市場，在交戰的實現衝擊之外，不受這種衝擊之外的）的最初時期，是這樣的有成效，就把諸多機會放投機家手中，使他運用他的特別種類的創造和組織勢力，這是他所夢想不到的，且使投機事業所習慣依賴全數機械，有一宗大而多的用處，例如淺白的會計，此時變作向來未有過的重要；因爲打仗，理財行號少了許多人，甚至於辦最下等事的人也缺少，却有女工補缺。在前此十四年間，有諸多擾動人心的事，主張用女工的辨論就是其一，到了現在，是沒得辨駁的了。世人很少想到第二十世紀的國家的公事。有許多是可以交給女人辦的；至於較爲辛苦的席位，若使女人承當，是要多用幾個人的，却並不發生阻礙；因爲社會生活的諸多情形，原是產生較多數女人的。籌借款項——或替代太平時代借款的辦法——在鬆懈的節制和政府放手用錢的鼓勵（有急用不得不如此）之下，變作迅速而廣播；很能發財，貿易也熱鬧，在交戰國也是這樣，當不可勝計的破壞生命財產之時，當糧食缺少後來且不能不定限制之時，打仗的效果是生活程度加高，高過在最繁華地面所曾達到的，我們曉得這是理財投機事業的諸多動作互及的刺激之一。

倘若我們從較爲專門和較爲眞實的投機元素中，可以推得這樣許多的結論，其關於虛性（受事的）投機家或投資家的地位，更令人注意。我們若是說全國的人，現在都變了投資家，這不是一句言過其實的話。况且他們並不是自稱爲實行合作主義的人，却是聽政府的發起人的話投資的。這裏頭有諸多重要理由，第一層，同自己的國人借錢，顯然是易過賤過經過國際借款機關的中人的手，況且處當日吃緊的情形，國人日見其明顯見得國幣的價値，不能在國內和在國外維持在同一水平綫，除非是用人力的節制。

況且當有軍務的時候，有許多可怕而逆料在先的爲難。窖藏現金的危險，卽是其一。不獨這樣粗淺的習慣，減少國幣的流通力，而且同印度一樣，金錢有幾乎無窮的漏出。在太平時候，金錢去而復回。當打仗時候却不能。當太平時候，政府很少要有極嚴厲的方法補救漏出之缺，但是在這諸多考慮之外的，還有一層，就是必要使這場大戰事變作實在的全國努力。不獨任何指揮階級的平常感覺與此有關；從初時起，假令任何重要部分的羣衆們起首（卽使是盡性的）反對政府爲他們起見，用他們名義而頒發的法令，當權的人，很是懼有由此而可以發生的事變。太平時候政府是可以改換的，個人們和階級們，在環境壓力，或社會增長的逐漸壓力之下，可以或起或落的，但是一九一四年所蒐集的極大的集中物力，和廣遠的布置殺人利器，尤其危險的是創造一種新的打仗時候的心理，這樣的大規模，是向未曾試驗過的；凡是操大權的個人，自然覺得國內全數的精力必定都要吸收；全數的方法必要都用於進行這次的競爭。由是與戰事有關的各國，都進行無與為比的宣傳步驟。我們只要看看哈狄（Hardie）和賽丙（Sabin）的戰事大廣告，就曉得當時要混合任何不能湊合的產業於國中的資籍之內的努力，是怎樣的濃烈，這樣的堅持不懈啦。當時的旬報等等也是一樣的鼓吹。那時候，有多少的遊街會，比賽，演說，都是拿宣傳作目的的呀？處於目前和顯現的吃緊之下，那時候的人是不甚考慮到這許多舉動的可有或可能的遠效。

人類（例外在可以不計之列）所揭露的（那時世事的普通面目，就是這樣），就是個人的體魂已死，全體的人還可以活（個人完全被吸收於國事，即謂合作的舉動中，就無復有個人，與死相等，）還可以接連存在，任何文明社會中，雖有少數的人脫離了一種說不出來的感覺，存在不復如從前那樣安閒，這時候是一種永動的一種進行的增速。

後一事是這樣有定，又因爲打仗那幾年表現一種接連消滅的光景，我們所以不能準確解說這幾年經濟的轉點。不獨有許多事變（以戰前標準考慮原是很要緊的），很快的接連相繼，但是普通人的心是搖動不寧的，被憂慮和預料可怕的事所驚擾，至於破壞比例知覺。最要緊的還是致命傷的幻想（作者將要討論），以爲將來必有一日總可以「折回於一九一三年」，拿這一年作爲未開仗前通行的生活情形的符號。但是我們要考慮當一九一五，一九一六兩年，兩證都期望打勝得很快，還是能決定時間的打勝。當一九一七年，起首領路放出來的諸力的本性。諸中立國陸續的變作或多或少的願意加入戰團，加入的，比已滅的國數較多。去丟俄羅斯和薩爾維亞，却加入美國，是所得多過所失，潛艇與封禁海口對敵，愈鬧愈烈。人力，運輸，資藉，都担負許多重責，起首有點搖動愛國的努力啦，變作增加的難以增加的必要，對個人證明，尤其要對不預戰事的個人證明，爲什麽要限制許多動作，尤其是要限制個人自由。這件事有一種極其密切的反動，普及於經濟。從古時起計至開仗時止，人類逐漸的不平均的從以武力奪人之物作爲己有，變作有多少契約性質的買入物件作爲己有。從前有一位諾曼(Norman)的窩稜伯爵(Warrente)有土地。有人問他，要地契看，他就把劍拔出來當地契。這是從前的事，後來變作柔和些，變作買賣橡皮股票或礦產股票發了財的人，或買賣房屋或馬匹得了滿意的人，即是坐在郊外的火車裏，或在市場上自鳴得意的人。自從封建制度破壞以來，產業就有利益愈多，責任愈少的趨勢，也未嘗無爲難，紊亂，和自然的效果。當平等主義播傳的時候（定過法律使女人有執持產業權，保護嬰孩的權利），簡直是人人都可以變作個人的積蓄的業主，可以任意分配，這樣的契約自由，起首發生自己的限制。在這一方面，爲每日的需要而發生的說不出來的千百萬樣交易之不可能，起首喚起團體的貿易，和設立按序的供給事業，在那一方面，安靜和流行的要求，就設立許多商量過的或含意的契約，這是個人與國家之事，這時候個人已變作國家的一部分啦。前一手續，我們可以追溯於行業會館的動作，以至於有限公司，合作和歸併，已經變作英國理財事業的顯現面目，——後一手續，實在是發生較早的，我們可以追溯於公債之增長。

是故戰事殊不發生一個新的經濟地位。其實是在我們所討論的物質進步的某一部分中催促一種現有的增速。外躃的朕兆是很可以看見的。當要緊的債票市場，如倫敦債票交易所，一旦停止發出市價表，限制諸多買賣於現錢交易，立刻就奪去投資家和投機家的運用慣了的取捨之權。這總辦法若是發生於如從前阻止恐慌或恢復信用的必要，已經是很不好的啦，何况有更要緊的情形發生，全數的政府都發行公債，發了一次又一次，很小心的注意國人吸收政府所發出的紙。因爲只有紙，並不能有別的。惟有美國，當較早的時期，收受大部分的現有的金錢，歐洲人所執的債券最後或出借或抵押，由各政府担保，並由各政府所施行的方法轉戶，多數的歐洲諸國和全數的交戰國，都不能有這樣內有的或担保的存備金。所以一面很迅速的毀滅財產和有發生的精力；一面用相等的異常大規模借債，假令兩造都是相等的利於結束戰事，這樣的辦法亦不會發生這樣危急的一種前程。但是世人都深知毋論那一方面戰勝，都不敢向他們自己的一方面，要求賠償兩方面所受的不能核計的損失，不免把全個的物質的費用，加於戰敗方面身上，按可定之數取償，還加上賠款，作爲「道德」損害的大筆的罰款，這樣一來，使兩方面熱烈的努力求勝。只要一日戰事仍然進行，在人類的精神的左右，一日有實在慘劇的能淸潔效果。男子們是死了許多，女人孩子們過最低可能的程度的過活。當戰事快要告終的時候，這樣的限制消滅了，打仗的實在本性才發露。這次戰事的重大，使重整世界的幾個人變作很渺小的；因爲沒得比他們較好的，故此就由他整頓。至以普通的羣衆而論，他們以爲受了幾年的苦，現在要享福啦，什麽都想享到，我們也不能怪他們。我們還可以把立刻發生的亂買賣債票的熱鬧，歸咎於這樣的感覺，債票交易所一經部分的解放的時候，就發生這樣的熱鬧，很快的就消耗了這幾年的積蓄；有一部分是由於好意，有一部分是由於當有戰事的時候，無花錢的地方，卻使有之，亦不能花得滿意；大部分是由於當戰事的結束時期要買國債，却是不能立刻或易於買賣的。在所謂「公道和永久的和平」的諸多實在條件中，世人不能體會一個更爲嚴重的面目。

在維爾賽(Versailles)會議的人物的本事，簡直的是很不夠。在分贜時候演小戲時的人物，也是這樣。何以見得呢？讀者試看他們總不能一致，就是他們本事不夠的最顯現，最能令人深信的記號。他們絕不能斷定，毋論他們說了多少費話遮掩這件事實，借來的諸多款項，是否一種買賣的一部分，抑或是如同聚賭的一筆公注。這筆大債，是大到了不得，簡直是不曉得是多少，又亂到了不得，要專門會計家才能理得出來。他們又不能斷定他們的要緊目的是「要使德國給錢」，抑或是阻止德國的實業和商業的精力和紀律，立刻變作世界諸多市場上的勁敵。我們顯然見得這兩個目的是不能同時達到的，但是當日令人難過的光景，且加上一件事實，即謂所表示的用意，和容納討論的諸多提議，令人不能以這諸多用意爲榮，亦不能令人喜歡這諸多提議諸多和約內的財政條文，是定於缺乏先見。這是在這種諸多會議所必不能免的。大概都是不能履行的。

這件事體的重要，在乎使世上的强國担負絕不能清還的債務，使他們習慣於一種心理，這種心理發現其自身於全球立刻和普徧的物價大漲，這是這種地位的必要的部分，許多數目都變作無意義，只餘一個爲難而不快樂的手續，即謂簡化這種數目爲合理的數目。

戰敗諸國是否從他們的地位上，得到一種底緩而實在的利益，幾乎是一個問題。我們曉得在一個人的生活中，感情是要預一大部分的，在他的買賣交易中，尤其要預一驚人的大部分。在全個歐洲中部，從前原有，今日仍有，許多心痛的人，且有許多人熱烈的要一八七十餘年的榮耀，這是無疑的了。但是這種感情，能夠抵得過政治改造的結實利益麼？能夠抵得過實行掃清整個內債和外債麼？能夠抵得過大聲喚醒要辦實業和要節省麼？抵得過這時候實在不能枉費一個已經跌價的國幣於任何事物，只能用於過活所必需麼？

我們到了這裏，要劃淸附於諸中央帝國的曾經預聞戰事的諸國。奧大利匈牙利君主國是散了。幾乎二千年的愷徹們的政事權的代表，是消滅了，不現於歐洲了。至於從戰事出來的奧國，分出來的各國，和巴爾幹諸國和土耳其，我們只能採輯他們的經濟效果的不多的證據，因爲這幾國所受的不甚在乎戰事的諸多直接效果（實在不過只犯及他們的邊界），而尤在乎紊亂的政治的各爲己利的手法的直接效果，這是當各種「和會」席上用心不良所規定的，但往往居多是由於無知識無本事所規定的，因此之故，在全數斯拉夫族諸國和在幾個日耳曼族的國中，維爾賽三個字是詛駡名詞，也許是他們太過了些，因爲與我們這本書有關的重要效果卽是下列事實，毋論戰事的困苦如何重大，亦毋論戰後的定局如何無理。大概而言，人道主義已經進行到這樣遠，所有發生的新國，和重新建造的國，仍留保國名和多少特色的，列強是不容他們死於經濟上的。不獨這樣，還有別的啦。自外的俄羅斯，曾同這一國或那一國預備開戰，在大戰停止之後多年，今日仍是自外的，不與其餘的歐洲相接近，曾受過極大的慈善拯濟，這不過是在重整財政中的一個次要因子，自從一九一八年以來，重整財政變作緊急需要的事。在國際聯盟的照顧之下，曾在各本國，在倫敦和紐約的市場，發行公債發了一次又一次，這種手續不獨只行於預聞戰事諸國，而且是中立國的特色。斯干狄尼維亞和端士的自治局都能借債以應重新建築的急需，和整頓多年忽略的公共工程和各處的日久失修。一起首的時候，戰前造謠恐嚇的人們（他們許多的預料，都被這次的大事變證爲不確），只有一件事，是有多少證實的，卽謂這種債款的利率很高。有一兩年能夠得八厘息，尤其是買美國的金圓債票，因爲這時候起首覺得美國的極其之體卹之處，歐洲的債票因爲無效力，價値不過等於中美或南美諸國。英國也要出到五厘半，同等的證劵，可以在歐洲照面値買賣，照五厘算息。但是這個時期是比較上短的。較好的中立國和自治局所發出的公債不久就收回，另發相似的債票，改定利準，在六厘上下。現在不常跌落過於六厘，這樣的普通提高（因爲相似的國或團體，在大戰之前，想出法子出賣，拉扯是從三厘半至四厘半），表示價格的全數和外現爲永久的擾動的堅持不變的效果。

但是這樣借款是用諸多名稱借的，在世界的諸多債票交易所，這種名稱已經得了可靠的色彩啦。實在進步就是發行整個是新國的公債，從一九一四年至一九一八年的諸多可怕的事體中，有思想的人只能得着這一件事是聊可滿意的。這種款項，如同發起英國銀行或法國銀行的資本，或如同借款給歐洲幾處死去已久至今復活的幾個小國。在未與近代買賣債票之前，久已無分立的經濟生活，捷克斯拉夫（Czecho—Slovakia），和波羅的海南岸諸小國，就是這樣第一次顯名於世界上的諸債票交易所的行市單上，這些國都是國際聯盟所幫助的，也有許多事是受議會節制的，我們必要相信其所以能通行，是由於有多數這幾國的人都變了美國人，紐約的市場預開全數這樣公債。還要推廣這樣有世界那麼廣大的拉雜的財政善後，以和緩希臘後來所受的禍害的效果，後來同此主義使改良巴西的爲難地位變作可能。

在中央兩帝國方面奮鬭的最重要人物，就是德國，她的諸多爲難和紊亂，比較上較多。自從在維爾賽，德國的代表們，於抗議之下，於爲強力所逼之下，簽和約的時候起，最有指示的結果就是起首頗慢的却是接連的有恆的德幣跌價。當一九二三年，法國軍隊佔據魯意(Rhine)區域時，跌價跌到最低點，法國這次的舉動，與任何其他舉動相同，皆證明近代財富的捉摸不住的性質，且必鞏固我們的信用概念是一個整個的抽象，而且是感覺上的創造，在現時文明所到的程站，是永遠不能譯作(變作)任何有體質的名詞，毋論是金銀，或地產，或有蘊藏出產力的機器和廠房的節制。這最後一層是惟一的理由，可以證明他們以為宜進行的一步，聲明其目的是在乎鞏固和催促德國在和約條文之下償給法國的款項。毋論其他學理可以根據於諸事變之上，有一件事實却是的確的，就是說這個目的始終並未達到，毫無實在進步，一直等到要求的數目減輕，搶奪政策拋棄，代以一個新辦法，名為多茲的計劃(多數是一位美國有名的理財家，他是這個計劃的發起人)，然後有進步。立約的兩造在見到他們時能不採用這個計劃，就是結實憑據。我們把這個計劃裏頭許多枝葉刪除去(讀者看見這許多枝葉，不過是加添惑人的數目的繁亂），這個計劃的重要條文就是，承認債主不獨要拋棄諸多合於法律的要求和權利，還要允准欠債的國得實在利益，然後欠債的國才能夠履行修改過的辦法內諸多條款，若是私人的合同，這種辦法，要稱爲「情願減收債款的通融辦法」。若是私人的合同，這樣的辦法，原不算希奇。但是這個和約並非私人的合同。維爾賽和約，始終不失照耀史册的諸多炫人舉動之一的性質，且有中古時代的戰勝之威，和戰敗的受屈辱的諸多意思介紹於和約之中，且有任何近代國際合同所必要的繁複債務混合於其間。總而言之，要定經濟的重新整理的方針，原是很自然的一件事。法國也許可以忘記了一八七〇年，但是不能忘記德國的戶口，財富，勢力的進行。法國有一部分人的意見是發生於薄加掩飾的志在報復，有一較大部分的人的意見，是發生於盼望永遠毀了德國的勢力。在法國之外，還有各小邦，有重造的，有新造的，我們只好說他們在和約之下簽了字，却不甚曉得這條約的實在效果。

知識來了，（知識兩字是反對無知識而言譯者註）來得正是時候。自從一九一八年以來，德國的國幣就起首落價，及受制於搶擄恣意的威力之下，德幣簡直的是坍了，重要的，立刻的，國內和國外的擾動發生，或者這就是使列強的糊塗會議恢復常識的最有力量的因子。用現在所行的計劃，計至今日，總算是行得很順手的，是廢了舊幣制，以（百萬×百萬）當一個先令，所行的新幣制是根據於借款的，對於世界各國的外匯，能維持自己的地位。同時德國担任按改過數目，用有着的款還債，都會按期履行。這樣才證明一件事實，毋論什麼有學問的理論，都不能證得這樣能騙人。所證明的就是近代諸文明國，既不能折回於五百年前打仗要求賠償的諸多空論，尤其不能折回於這樣的僞理，且證明若按這樣辦法，能逼一個近代的國到了一種地位，到了自損與賴債，變作分別不出來，一到了這種地位，彼此都要受害。其實近代經濟顯然是國際的，經由外匯的調整，混合的信用建築的一造，是不能受毀傷，或受有效的強迫；而全體不受擾動的。

我們可以希望和約政策的最不良效果已經有預防啦。已經實現的傷害，有時足以令人詰問歐洲能否再得從前的興旺。今日的德國雖然享受多少太平，雖然享受與旺，不過生活程度改低；但是德國的最有恆和最可靠的階級，已經毀啦；少了這一階級，就不如從前啦；我們能看得見，這是永久的損害。在那一方面，說到美國，歐洲外交政策實行的光景，失了一大部分的人心，向來對於歐洲諸事，普通趨勢是冷淡的，這時候變作更甚啦。最能令人注意的還是及於法國的效果，以理想論，法國是最直接享受維爾賽和約的利益的。但是法國却失敗於和約的條文不能實行。法國政府的預算，已經是強弩之末的了，這時候預算裏有許多極重要的空隙。佛朗跌價雖不及馬克那樣驟，那樣接連，但是曾意之事既不成功，佛朗亦難以恢復。況且已經發現信用薄弱形狀，法國人買外國債票，不然就把款項存在外國人的銀行。政客們整個的不能，也許是不願意，對付這樣棘手這樣不討好的問題，諸事無人過問，有時虛與敷衍，一直等到一九二六年外匯日見其不利。有許多大震動會把他國推倒的，却不能推倒法國，這時候法國這樣的力量，還是很強的，到了危急時候，就請一個人出來當權，有害於改良經濟的脅意政策，就是他的。從一九二六年七月起，就施行人力的保護幣制，這時候輿情却又變好些，覺得政府可信，就把佛朗的價值接連的提高，達到一百二十四佛朗合一個金鎊，約合戰前價值五分之一。新近就是按這樣固定的。

戰團的主要國所得的效果，就是這樣，但是受反響的地方是很廣遠的。我們撤開俄羅斯的悶葫蘆，地中海諸國的諸多擾動，和和約所創造的諸國不論，只有瑞典，荷蘭，瑞士三國維持處於債主情狀的外匯地位。幾乎無一國不是受影響的，有由於錢幣情形無定的，或由於不能不折回近代世界生活的全數資藉的雖有預防而發生甚驟的效果的諸多更爲寬廣的效果，如是諸多資藉，全數會改作戰事之用。現在都要改回來作太平時代之用。把一個大工廠的機器的布置和尺寸改回頭，原是一件費時，爲難，還許是很要花錢的勞苦事。有千萬工廠都要這樣辦，還不算爲難；最爲難的還是改變一國人的習慣，或改變諸多他們從所習慣的辦法。我們在戰後時期的大不列顛和美國的歷史，看這個較後一種的趨勢，看得較爲淸楚。

停戰的立刻效果，就是發露四年零三個月戰事所已辦到的極其重大的發展，不獨發現於各樣的外觀，而且發現於人民的精神。各國的大軍隊，用各種自願方法枝枝節節造成的，最後是用強逼方法造成的；現在要急於遣散，就是一件極其爲難的事。不獨因爲要他們回家各執其業，而且當時立刻覺得，當打仗的時候，要他們受種種必不能免的紀律，這時候他們得了新心理，還要他們再受這樣的紀律，是有極端危險的。不列顛人復歸於太平景象時，正是市面極其興旺時候。我們應說是「超等興旺時候」。不久就見得這次的市面興旺，規模是極大，並非從前發生過的興旺所能比的。政府證券，鐵路，礦務，橡皮，釀酒都變作市場，因爲經過一番興旺面目才變作市場的。這樣的諸多建設的長大，不能不經過這樣必不能免的形相。戰後的興旺與從前不同，凡是市場無不同時興旺，程度多少相等，視局面和性質而異。同時却是熱烈的更忙碌，遠過於從前。興旺心理的核，有範圍更廣的投機家包圍，出現於專門的和有組織的債票交易所的諸多證劵市場之外。各種的地產起跌，起得很利害，住宅尤其是這樣，農務的極其綏步不活動情景，也受了攪擾。投機精神既入了這樣的和熱貨的，運輸的市場，還要侵犯向來很不外露的範圍。無一個官吏，無一個有手藝的工人，不起首盤問自己，能否增加他的特別出產的價值。無一個貿貨物的人，不起首希望多賣幾個錢。

其中原有許多理由，是不難發露的。見過戰事的人們以爲受過許多困苦危險，到了這個時候，是該享福的了，毋論怎樣大的福，都是該享的。在那一方面，凡是幸免於較爲與戰事直接相觸的人們，變作習慣於向來未有過的要求，施於日見其受限制和很費力組織的供應。在文明程度很高，和戶口很密如英國國中的全數重要實業中，由戰事而發生的情景，就是最好希望的人們所絕不留看見的。煤和鐵器，紡織和種植，向來都未見過這樣的前程。所及於運輸的效果，是立刻發現的，因爲缺少船隻，這樣的效果變作更重大，又因當打仗時候，政府要用鐵路運輸，欠鐵路公司許多錢。價值旣改變，尤令這樣地位的諸多實在情景，變作更嚴重。凡是不是辦過會計的人，都難以記得新募集的極大的債款已經加倍，並不改變一件貨物的本値，甚至於一個債票交易所的證劵，也是這樣，而且與因戰事而供給不能不失序所發生的任何其他起跌，並不算在內。一九二〇年十月達到最高點，這時候發生在價値內第一次的實在破裂。到了這個時候我們就能夠量度投機家深入到什麽地步，不獨深入於買賣場中，並且深入於三島人民的生活中。在倫敦債票交易所，在政府證劵的最重要市場中，曾發行極大的幾筆的公債。打折扣發行公債這是第一次，與「存備借款」相同，這是按八折發行的，不然就是加價還款，如同好幾種軍務債劵一樣。買這種證劵，向來以爲尤其是最純粹的投資，與投機大相反。這樣證劵的價値起落却加上有起落的本位。這不是投資家所加上的，原是發行債劵的官員們有意加上的。這樣一來，投機事業變作神聖事業啦。現在對一個不列顛人說「這裏有很靠得住的國債票，五厘息」，這句話現在不夠動聽啦；你要拿必定起價引他買，還要說，利息既可以到戰前的情狀，還加上多獲利的機會。對於這件事，發行債票的官員們有幾時辦得不對。計到第一次而是忽然發生的戰後的市面狂熱的坍塌時候爲止（這次狂熱可以稱和平狂熱），投機家完全進行太猛，交易所被新債票灌滿了。這是不能怪的事，又是不能免的事。國內毋論什麽營業，到了這個時候，必定都求新資本，他不具論，重改機器，或修理久已不用的機器，在在都要花錢。最要緊的還是有遠見的人，想跳出他們以爲是空虛地位。遲到一九二〇年，有許多人以爲一個買進望起價的地位，不能變作永久的。供過於求的債票，也有人買。我們計及專門買賣債票人的居間干預，把購入市場的鳌細的股票，買與小本而永久執持股票的人們，我們却還要算到，有重大部分的人民，這是第一次手裏有債票。新觀點能使人容易改變這一種的執存爲較能獲利的執存，這是戰前存小款於儲蓄銀行，「朋友」會，或合作會的人們所夢想不到的，又是窖藏家，或小地主，或小工廠主，所自然不能辦到的。

這時候的情形却相反，英國頗有租戶買田舍，從前的和較大的房主，起首覺得修理費太貴，房地税日增，不甚抵得過房租所入，法令又不容拿房租作投機事業，因爲現錢既少，價値又改變，不能不定這種法律。況且許多執專業的和相類的人們，眞是受逼，不能不買住宅。這時候很覺得住宿的地方太少，當打仗的時候，有許多房舍是毁壞了，無人修理了，又不能新建，加以生活程度加高的需要，有許多本來住小房子的要住大房子。

但是這樣的移動資本，並不能解說吸收那麼許多新債票（多數是辦實業的），至於其餘部分，我們可以解說是由於多數賣出，使「五厘戰債」，總數是二萬兆鎊（一百萬作一兆譯者註），這是最重要的英國戰債，落到八折，同時別的國債發行價亦有同等的跌落。這幾樣別種債票，共合八萬兆鎊，這是英國有利息的死債。

我們很可以自問，在經濟歷史的任何其他一個時期，應該怎樣結束這樣的變相。我們可以想像在倫敦或在紐約，在第十九世紀末年的毋論何時，這樣事變所發生的光景，人人都是如瘋如狂的，情形犧牲賣出，銀行也糊塗了，按照國人習慣，終歸要暫時取消銀行法令，不然就是關閉債票交易所。鬧完的時候，最可異的就是並無任何通常的災難，到了灌氣的信用組織之上，因為世人並未創製能醫百病的藥，更是這樣，受損失的人是很有，很令個人們受痛苦，股票的價值大落，在交易所以外的貨物市場落價更利害，惟地產落得慢，又並不是大落。雖有恐慌的正當刺激，這次如同一九一四年一樣，並不立刻發生什麼效果。這次的幸免，羣衆與有其功，各種團體，若未節制，却會潛移，信用的機械，和另一副的無重要而往往是偶然的因子，都是有功的。在普通理財家之中，似乎會發生的大改變卽是勸人不要把全數的雞卵，放在一個籃子裏。價跌而不發生恐怖，這是一個很有指示的要點。換而言之，大多數執債票的人，不復如一七二〇年或一八二五年那樣希望因可以買賣的債票不相干的起價，希望立刻發不應該發的大財。到了這個時候，投機家同投資家變作很混雜，純粹賭博是居多消滅了。所以總損失雖然是很利害，個人的碰倒，和那許多損失的性質，尚不至於使人無飯吃。此外尚有其他前程，或補救的方法，重要的理財行號所運用的節制，已經改變性格啦。英國銀行抬高利率，不鼓勵借款。此外的行號，此是辦理借款，與公衆接洽的人，都完全改變了性格。向來是千百家小銀行，居多是個人開的，他們的政策是隨着東家個人的見解的，不甚公開的，又不甚受批評的。到了這個時候，却不同了，發起歸併作十二家的大字號。性格習慣政策都是一律的。他們的資本很大，是所羅門（Solomon）所夢想不到的，能夠辦極其重大的事，就是阿拉丁（Aladin見天方夜談譯者註）見了也要驚奇的。

這十二個大歸併，作爲兩方面之間的一種緩衝地，一方面是貿易，一方面是實行阻止增加的借債；現在以爲必要担任這件事。因爲款項太大，有多少是因爲傳統，並無全數收回借款的事，但是借債的條件加嚴，又要分別出借。因爲他們的存備金很多，又因深明責任，所以容易辦到，其實他們已經擺脫受過恐嚇的個人的心理，又與個人的小銀行，或本地銀行的舊時恐慌，心理不同，他們曉得，在最後辦法中，他們的利益，他們的平安，都是依賴於破泡洩氣主義的極寬廣和極謹慎的運用。至於較爲專門運用信用的人們，逐漸收回用股票的諸多便利，至於局外的較爲好投資的羣衆，拿這樣的證劵作抑借借，向來是不許太寬的，又要抵押到很穩當地步才肯出借。至於拿不可勝數的新發生的公司的機器和廠房，和拿住宅和耕種的產業作抵押借錢的，銀行的條款加嚴。有大部分這種改換業主的事，都是由銀行經手辦理的。他們所用的保守政策，是證明該用的。不多的幾家大銀行公司，並不實在損失威望，只有一兩家小而專門的字號正在失敗，却不一定是危機的一種直接效果。銀行之外，就數到其他理財字號，也未曾受害，除外一兩家，又有一家，是由於不端的行爲。

計到這個時候，論到普通的安穩，大不列顛是要很感謝的，還要慶賀國性改變的明證。日久才曉得冒過極大的危險，才曉得要避免打仗的全數後效，要避免結束戰局的講和是不可能的事，倘若已經避免了恐慌，政局翻騰，幣制禍害，却不能恢復戰前的從容和是有多少無思想的興隆。從一九二〇年以至今天，不列顛經濟歷史，曾發現一種奇怪而不完全是有益的景象。我們幾乎可以說一九二〇年的危機，立刻這樣有效的把火頭壓下去，但是從那時候起到如今，還是冒烟的。當下許多的破產居多是辦結了，債票和股票市場，仍然是流動的。有幾種市面居然起價到發狂。如一九二五年的橡皮股票，和各時期的各部分的實業股票，當下外匯已經有恆的變好些，從每鎊合美金三圓半起，到了等值地位，至於其他各國，到了等值或溢過等值地位，但是當有思想的英國人一反省的時候，都覺得不安。因為反省到在這樣外現的有力量之下還有一件事實，即謂國內各種要緊實業，無不正在受一種外現為永久的市面減少的苦，反省到有一百餘萬有生產力的工人失業，好像是永久都無工可作的，戰前的第一等證劵（這是三十年來的儲蓄和好幾階級的人購買的），落到半價，不能再起，因爲被新發行和利息較大的公債壓倒，毋論想什麽方法，都不能除去這種壓力。這種現象的解說，在平理財與實業完全分離。這種地位的諸多不良因子，是很有曉得清楚的。在英國的普通分散的最重要的單獨實業，還是耕種；外國粮食，酪酥，肉食，久已輸入英國，同本地土產競爭，發生一種慢而永久的土貨衰落。戰事一起，土貨暫時振興，業主責任，挪在農夫自己肩上。一等到戰事的刺激消滅，這種實業的舊時諸多困難又發生，比從前更甚。外國粮食的價錢，不獨能在英國同土產競爭，而且爲許多用意起見，國人更願意用外國粮食。外國進來的牛羊肉很多。用近代科學方法，能夠運到英國不至於腐敗，這是三十餘年前所不能辦到的。土產的酪酥，亦有相同的困難，英國農夫們既無市場組織，又不願合作，故此爲難更甚。在這許多吃虧之上，還有一件很吃虧的事，就是從前都是地主担負整修責任，現在却卸在新地主身上。此外農夫還要同銀行或他行號等處借款，才能買田地。以耕種而論，幸而有這種事業的本性，賣貨得錢是很慢的事，而且他們的過活是很省儉的，故此能幸免於廣播的禍害。政府已努力，用貼補和免國家稅和本地稅種種方法，和緩他們實現的錢財上的困難，同時又答應他們辦耕種借債的事，保護本國糧食，這是一個重要政黨的諸多大政策之一。

英國可以有極好的政治上的理由或軍事上的理由，鼓勵本國出產糧食，但是從經濟學觀點看來，毋論任何實業，要補助，要拯救，要供資本，又要保護的，就不是會興旺的實業。我們若反省北美的農民，也起首受英國農民所受的困難，我們就難以希望種地的主人和組織，能夠再引入投機，一到投機都拋棄這種動作界不顧，這就是不值得嚴重的經濟考慮。

英國的單獨的，專門的，在本地的最大實業，就是開煤礦，這樣實業的諸多問題與耕種問題相差不遠。打仗時期的刺激，已經完了。取煤有比較的容易和利便，故此獲利的人自滿，不聽人家要求改良組織，改良銷場，謹愼的處置副產。因爲有外國煤競爭，土產的銷路減少，尤其易受政治的和實業的阻擱。

最令人注意的，大抵還是棉業地位。有幾位專家說，一九二〇年的財政上的吃緊，不過是偶然的。有許多實業的方針爲戰事所改變，其受最完全改變的就是棉業。那時候發財是很容易，求過於供遠甚，比例的知覺都失去了。投機事業的最不良面目，發現於鹵莽的創造新資本，價錢之高，和完全不顧許多趨勢，有如接連出賣機器與可以是勁敵的外國人。假令棉業不被戰時的心理引入歧途，這樣結構的實業應受現在的諸多爲難，似是幾乎在所不能免的事。雖是這樣說，棉業還有更不良的面目在，耕種和開礦都是依據於本國地土上的，即使在最吃緊的時候，至少也有本國的銷路。棉業是近代英國的特色，英國是一個志在殖民的島國，理想和習慣都與鄰近的歐洲不同，由於她是商業和機器發展的較早領袖，依賴把從遠方而來的原料，造成熟貨販運出口，以過活和發財的。在近代世界上，這是顯然一個能被外人侵犯的地位。逐年都有人開闢，教化，供給天涯海角的地方。以棉業而論，這個因子是很有標記，很是有決定的。英國棉業市場失了四分之一至三分之一，還未算到外國因爲保護本地初發生的紡織，定仇視稅則的，可以發生的諸多效果。

只是這三種實業的反射及於運輸，就是很可以注意的。戰後的鐵路債票所處的不利地位，與較舊的政府債票所處的一樣，他們都不能希望加高利率，同第一等債票競爭。有幾家公司都是利用政府的賠款，暫時能夠維持給發過得去的利息。但是逐漸覺得費用增加而收入減少，這是不能不發生的事，因爲裝貨較少，無汽車的人們能夠花錢坐火車的人，變作更少。用土路的競爭增加，這樣的實業是常受重大的實業翻騰的影響。航運實業也是相同。打仗波及航運，難以免不了的競爭復生，和貨物缺少，陸運和航運，且有效果及於鐵器貿易，這種貿易自然也要與他自己的諸多困難奮鬬。所以在財政的外現的力量和伸縮力之下，深藏着減少出產，減少儲蓄，失去資本。有許多大銀行在結帳表上說「爲爛帳和可疑的帳設備」，並不說出這些都是什麼帳，卻維持着很強的戰綫，這件事實就是表示他們借錢給這幾種實業，是有很好抵押的，他們的實現損失，不足以影響及於他們的很多的和日見其加增的存備金。

投資界顯然是吃了虧。然而新的資本卻並不見少，因在中間幾年新發行的債款如潮水一般，數目高過在戰後狂熱的時期，破產的款數減少。既是這樣，這許多舊時的結實英國的茂盛，卻並無人看見的，都沉在什麼深坑裏？我們能夠盼望遮蓋在上面的一薄層的流動信用，不過是表面一層却遮掩得很有效力的，能夠有什麽抵擋的力量？我們深知，最受痛苦的，還是馴良的英國勞工階級。當在一九二〇年，人們覺得必要作點事，打破這個借債的氣球，於是就發生許多效果，其中最先發生又是最永久的，就是失業的人數加多。在這羣失業者之中，有許多是當打仗的時候並非身臨前敵的；有許多出於自願，有許多是由政府派員挑選的，製造子彈和維持文治生活的必要的貿易，這時候見得他們的生活程度，受過一番革命啦。在供應當時許多急需而新借貸的債款之中，有一部分到了他們手中，他們積蓄若干，因爲他們雖然不窖藏如同他國的鄉下人們，他們向來是存在各種儲蓄或同類的行號。他們且很受鼓勵增加儲蓄習慣；但是從這樣忽然增加的薪工中，有一部分是花在日用裏頭，道德家可以稱爲不智的浪費，他們的戰時心理，和所處的新鮮地位，鼓勵他們多花錢。

我們在後文將考慮任由他們自由選擇的受限制的範圍，怎樣應該再加限制。此時我們只能討論他們享受四年的外表的興旺，令他們得了受過革命的習慣，却給他們很少的增加的永久的生活之源。這種情形，可以變作很嚴重的。在戰後數年間，大不列顛其實曾經過幾次實業的翻騰，其重大與嚴重足以毀壞保守性較差的國，文化情形未甚成熟的國。我們在這一點上所應考慮的，就是失業人數如是其多接連重負，施於投機事業，有什麽效果，最顯現的就是實行的費用。幸而有新近組織的失業保險辦法，失業的人們尙不至於捱餓，免生暴動，惟除幾次特別緣因發生的滋事不計。我們至是，忽然走到從人力維持財政的興旺而得的諸多利益的盡頭啦。大不列顛的全個指揮和積蓄階級，都要給錢養一班無業的羣衆，人數之多可以比得上戰事初起時在戰場的人數。以經濟學而論，養兵是很浪費的一件事，但是國人所以甘受重累，原爲的是盼望能夠得到不能用錢計算的諸多利益。在太平時候，若有與此相等的漏卮。我們能說什麼呢？暫時擱阻內亂。在那一方面，無業的工人，有時候約得有保險的工人數目十分之一強，要這樣捱程度很低的生活，人品和手藝却都變壞了。他們的德性，就是馴良，等到馴良慢慢變作不以道德為重，我們很怕有這樣的改變，恢復原狀的希望，顯然變作更為難啦。其尤為重要的問題，却是能恢復不能，有人提議幾條學理，說假令一九二〇年的戳破氣泡的政策不是那樣辦，所得的諸多效果，可以不至於那樣嚴重，那樣接連，這都是理想的話，却無什麼憑據。我們要考慮其他兩個因子——一個是機器多得許多實效，這是得自戰時的閱歷的，一個是出國謀生的人數減少很多。這就叫我們回頭走到英國經濟的中央事實——三島的地面有限，他們古時的牟利事功，和比較上是前進的而是很要花錢的文化，故此難望擴張，毋論任何努力趨向於改良，必要趨向於熱烈的培植富源，重新組織，和減輕出產的本錢。

在這幾年間，大不列顛的中流砥柱，就是稱爲「看不見」的出口貨，這是一種無重量的元素。銀行事業，保險和轉運，和許多零碎的事功，都是救國的元素，使英國不至於太熱鬧的墮落，且必然的幫助理財與實業分離，但是毋論怎樣大胆的人看見國內面市能夠安心的。頑守舊的倫敦市民，除了最有思想的之外，看見倫敦街上增加熱鬧，理財字號的盡善情狀；無不易於反省滿意的。我們若同他辯駁，他的學理就是『人們必要多作事少花錢，勞工們尤其是要這樣。』若是有人對他說，他這句話是怎樣的不愛國，他必定很難過的。

大不列顛的爲難，並不在乎不出產，在乎賣出產不能得利。現在的貨都賣不出去。出產更多煤，棉織物，鐵器，有什麽用處？搿試由出口貨爭回已失的市場，獲利比現在更少，有什麽用處？這樣的嘗試只能不利於國內市場。我們這時候站在僞理的峭壁上。古老式的鄉下市鎮作買賣的人，常歡迎本地貿易的暫時振興。遇着打獵時候，遇着選舉時候，來了許多遊客，他見了就很高興的撫掌說道：「他們帶了許多錢來我們這裏花」，看見錢箱裏裝得滿滿的，他的眼界不能超出這個錢箱，他就很滿意。他沒得遠大眼光，看不見信用是一個極大圈子，世界上的和平與旺，都依賴這個圈子轉得快，轉得平均。在另一平面上看來，他的有限制本能並不是全錯的。大不列顛在海外所辦的事。得來的錢，都回到理財行號裏，作利息分派。至少有若干成，入於大行號的日見其高的存備金裏，不然就是分得股息的人，在國外花掉。在那一方面，在國內分散的工錢，有很大部分直接到了小買賣店鋪裏，至多不過一個禮拜，又回到銀行。購買權的本地區域內的增速，就是增加的周轉，這是增加信用的惟一康健形相。這種情形的力量，在一九二〇年是看得很清楚的，那時候薪工款項的忽然收縮，發生好像周轉不靈的事，外現其曾打擊零賣的貿易，不能把市面呆滯情形，傳與躉賣家。我們可以在北美研究與此相反的事，那裏薪工度日的人們的生活程度很高，是舊世界所無的，國內市場很發達，有幾條例外，我們隨後討論。我們拿英國同美國比，其中自然有其他諸多元素。最令一個與事實相切近的不列顛人注意的，無過於其他不列顛人的態度，他們有本事有資藉去過美國。他們去美國幾年之後，回來歐洲休息，衣袋裏裝滿了旅行支票，這是歐洲有手藝的工人們所夢想不到的。他們告訴人，在這裏作作事，在那裏作作事，若是不願意在這裏作事，在那裏也找得着事，令住在國裏的人聽了詫異。在大不列顛三島，凡是男子，居多都要找一件事體作，就要牢抱着這件事體，不然是會有危險的，往往減低工錢還要作工，不然的話，食住等事是很不便的。兩國的反襯是很顯著的，我們不能相信心理的效果是整個失丟的，因爲合理的滿意，不獨依賴薪工，且依賴能自由選擇。

既是這樣，大不列顛能夠作什麽呢？顯然不能任由這諸多事體走自己的路。第一層，這個主義巳經在理財界中拋棄了。在理財與實業之間的大空隙，在一九二〇年間，也許可以是有用的。我們難以相信在任何重新建造的政策中這是一個有用的元素——或在建造出產的一個結實柱子。要能夠保固不能看見的諸多出口貨所得到的浮起的流動性。因爲這個地位的弱點確在乎這許多無形出口貨可以消滅，因爲諸多大部分的其他外國市場巳經消滅了。地球上遠方的人，曾經揭露怎樣製造棉貨，怎樣賣棉貨，不必請教郎卡邑(Lancashire)，並且曉得不獨怎樣以糧食供給自己，還曉得怎樣拿糧食供給不列顛三島。他們能夠拿煤或其他燃料供給自己，曉得製造自己的鐵器，將來有一天也可以辦自己的銀行，保險業和航業。其實他們巳經起首曉得啦。美國的大銀行在倫敦開張，開了一家又一家，同時歐洲的字號，他們在倫敦的營業因爲打仗都消滅了，只好回家。他們並不吸收平常國內的銀行營業，他們却吸收一部分的事業，這是大不列顚所賴以維持貿易平衡的。同這樣的手續更可以在大借貸中看見。戰事一告終之後，大多數重整營業的借款，不能不在紐約借，不在倫敦借，有時在倫敦借了，還要在紐約借。自從一九二〇年以來，幸而利率可以減低，曾多少阻止在外國借款，又因完全相反的理由，在這一方面的美國資本，在那一方面的德國資本，在各本國都很有用途，所以倫敦仍然是世界上第一個借款的市場。這個最重要地位恐怕不能保守，國裏有思想的人，其實很歡迎一件事實，即謂借款的事業每年愈變作更爲顯著的國際事業。今日實業借款，債票常有一種形式，在紐約可以很容易的及立刻的買賣；在巴黎，阿木斯特丹，瑞典國都城差不多也以照樣辦到。在各文明國的全數最大的出產營業之間，發生日見其增長的交互關係，就幫助這樣借款辦法成功。毋論任何一個不列顛的愛國者，都可以從在這個他個的兩元素取得為將來的頗重要的慰藉。第一個元素是這個手續的比較的慢，和全數不列顛借款行號所表示的恢復原狀的力量，這就儘有時候，為國內市場的諸多困難求解決。第二個元素是行之日久借債的國際化，可以是一國的救濟，這個國因為她的島國地位，曾經一度得過地勢上的利益，現在要收穫非利益啦。在我們眼前慢慢消滅的，就是經濟的一國主義，不列顛人再不要誇口說他們的國「是一個好小島，是一個緊湊小島」。若還誇口，就是歡迎經濟孤立的自然惡命運。當諸事順手的時候，孤立可以說是免得染他人的禍害。當諸事不順手的時候，孤立就是餓死。更說得單簡，經濟孤立就是限制機會。只要一日機會住在家裏，這是好的。等到機會往外亂跑，孤立就是致命傷。所以大不列顛愈早能夠使她自己的興旺變作與他國有重要關保，她愈有把握逐漸的不痛苦的過渡於留以有待於她的地位。大不列顛絕不能再留處於當第十九世紀大部分她所享受過的第一重要地位。她也絕不能取得法國內足以自養，外示畏懼的品格。大不列顛交愈多數的朋友愈好，因為到了後來，諸國得了新機會正在發達，卻令她吃虧的，將來總有一日，必要走到現在所閱歷的變相。

當這個時期，美國的異常歷史剛好同英國相反。打完仗之後，「世界的全數黃金」都到了美國手上。這一句不過是比喻的話，但是大概而論，這句話描寫得很像。除了少數的存備金存在諸作戰國的本國銀行內，除了流行於荷蘭，瑞士，瑞典三國的金幣之外，簡直的是看不見金子。我這本書，自始至終發明信用的見解，其能有大力量維持我這個見解的，毋過於這樣地位所發生的實在並不利之處。美國不獨必要出借以維持歐洲，以幾件個人的事案而言，不甚明白事勢的美國旅行家到了歐洲，見得他的頂好看的金鷹幣的實物件的力量，反不及同值的圓鈔。孤立的與旺的命運，就是這樣，幸而這種情形爲日不久。於是明白的條陳佔了優勝，美國的經濟的干預，最好的榜樣就是稱爲「多發計劃」的大借款，這才把德國扶起來。曾經很實在的幫助歐洲恢復。但是當戰後十年間，美國經濟的重要特色却與歐洲無干，而且是相反的。經濟報有一段論這許多事實，論得很好，曾爲『本國市銀行月報』所引，其言曰：

「在歐戰之前，美國原是一個背債的國，但是當打仗的時候她把證劵帶回來，纔作一個債主國，後來這七年間，却並未很增加她的純粹債主地位，出乎常人意料之外。因爲美國雖然借了很大的款子給外國，許多次債款的大部分是外國人買的，同時外國人對於美國的證劵，却有大規模的投資，在美國手上的外國差額很有增加。

「大不列顛却不然，在戰前的投資於外國的款子，約合四十萬兆金鎊（一兆是百萬，十萬兆鎊約合美金二百億圓？），當打仗時候，失了許多，換而言之，是靠老本過活。但是在最後這七年之間，我們的（英國的）淨投資已有增加，比美國較爲快些，却不如戰前增加那麽快。

「以新近幾年論，英美兩國的出口的淨投資都減少啦。以美國而論，減少的出口是一件有指示的事，因爲美國債券和債票的出息較低，卽是反照國內的內國資本很多，好的本國證券頗少。這樣的低利率，同外國證券的很高的出息比較，是很可注意的。以大不列顛而論，一九二六年的數目是異常的低，這是因爲煤工爭執的緣故。」

外面的地位就是這樣。裏面的地位整個是美國所特有的。按照我們從歷史所能得到的想念而言，這幾年是一個拖得很長的市面狂熱的時候。假使我們要在任何已往的事變中求可與此次相比的事，我們就該盼望，在這個時期內，毋論那一年，都是到了坍塌成熟的時候，這樣坍塌還是歷史中諸多最大震動的坍塌之一。但是並無這樣的坍塌發生，連影子都沒有。這樣的情景似乎證明投資逐漸的增長，與個人的出產力的增長，有相等的並進，同時又有個人生活程度的慢進而有恆的加高。因為這幾年間汽車的出產和汽車賣出的數目，並無重要的差別（文明程度很高的國，用汽車很多），至以諸多較為通常的國內市場而論，買物分期還款的辦法，非常的通行，有許多經濟學家見了很担心，這種可疑的辦法（賒帳的辦法），好在有永見其增加的多得入息的能力抵擋得住。其中也並不是無阻攔這樣手續的事體發生，也曾有過幾次是美國考慮為「嚴重失業」時期，規模却有限，若在歐洲是不會激動什麼議論的。集中於「聯合存儲金」制的管理財政者，曾慘淡經營的嘗試放氣；在某某種市場中也有過專門美國式的「奮鬪」，又曾有過規模極大的不名譽的事，令歐洲人見了驚愕。雖有這樣的事，我們試計及本國的理財機器的大有改良的管理，和現在雖然不合比例而有一定的預聞歸併的趨勢（歐洲很得力於這樣的歸併），又計及這個廣大而比較上新造之邦的諸多富源尚未發展，美國這樣的在諸多債票的價值內維持日久的狂熱，自歐洲人眼中看來，仍是令人驚愕的。美國是無人不買債票。無一個搖鈴的孩子，無一個飯店的看門的不買債票。背後却有很結實的「投資買進」，買資格在前的證券，本國外國政府的，和自治局的債票等類。在這個部分裏頭，出息是比較的低，從三厘強至五厘。有時外國的債票較高，或純粹實業債票，有一種很詳細的所入稅遮掩，這是歐洲人的見解。出息其實幾乎是淨出息。有許多這種樣的債票是很難買得到手的，我們可以曉得執存這樣債券的，都是爲投資起見。物質的禍害似乎無大力及於這樣大的國，况且交通又極其便利。一個較小的國，會被大火，地震，大風大水所毀的，若發生在諸多富源都有密切關係的大陸，却是無效的。財政的禍害能夠發生麽？這個時候看來，似乎相去遼遠。

太平和興旺能夠發生信用拼塌麽？最能毀壞的戰事，不過只能暫時阻止信用，這樣的諸多效果每年減少和消滅啦。當戰後十年間，節制國內信用和幣制的最有標記面目，即是名目不同的管理中央存備金的人員們的外表的着急，要預防有事變發生，以法律論，供給這許多高等事業的債款，仍然同金子有關係，這件事實快要變作一件稀奇的事啦。世人猜度——這五十年來在英國或在美國都不過是一種猜度罷了——到了最後一步，全數投機和平常貿易所依賴的一百萬個人的契約，可以用金清理，自近代心理看來，未免有點累贅。各種公共團體其實並不照這樣實行。他們操縱利率和期票扣折，立刻就如聲浪的穿過幾處國立的財政機關，他們在營業的數目與價值的終極標準之間，保存一個相離甚遠的比率，却絕不讓國幣所依據的學理，走近任何實驗的地位。依附於金本位的最後實在，是在外匯區域之內。用債票等項作符號的數目，由這國入那國的，雖然是不可勝量的更大，金幣在國外貿易誠然易手，國內貿易却不是這樣，只要幣制一日是國家的事，一日必定是這樣，其通用之性依賴於兩國的關係尚未有危險之時，且依賴於兩國的國民。但是可用的數目，永遠是不敷記在帳上的更大部分的交易之用，我們很要曉得，保存所謂金本位，推行鄉下人的必定要手上拿着金子才肯放心的心理，是不是造成進步的極大阻礙。

我們因此就要考慮必要的根基，是投機事業在近代國家所依賴者。我們只要往從前追溯，不久就溯到土地都是用武力搶來的。我們現在要給地租，就是從前替代兵役之費的遺蹟，有許多諸侯，征服了他人，就奪了人家的地，分給願當兵役的人。執業是發生於花錢同原主租地，地上的出產抵得過所花的租錢。他種產業，是議價買來的。從前有過一個時代，個人在田上耕種就可以產生大多數日用之所需，居市鎮的人這種日子是已經過啦。卽以耕種區域之內而言，這種辦法亦日見其減少啦。結果就是近代生活之無窮的紛亂和限制，同人們面面相對的就是諸多自然情形——土壤，氣候，受或旱或潦的改變——人們得其所需，或靠他所能得到的過活，不必過問隔壁的鄰居。當武力當權衰落的時候，一個人的選擇的學理發生，最通行或最堅持這種學理的就是操英語的民族。法國是講平等的，在物質環境所能容之度內，完全施諸實行，置國人的幾個大部分於頗低的程度以求穩定，或置其餘於有定的或官吏的位。在較後時期，在德國，由教育而得的運思紀律的學理，和陸軍氣味的文官紀律的學理，也在個人與個人之間發生一種不同而相等合理的關係，在操英語的諸國中，自古以來就很不相信學理，我們可以普通歸併作一堆，稱爲幾種「聯合」學理，大不列顛和北美都很有，這也不足爲怪，因爲每日的爭爭奪奪，原是在倫敦和紐約的生活的最顯露和可以作模範的面目。然而大概而論，我們所常聽見的用英語說出來的重要學理卻是，「是我自己的，我喜歡怎麼辦就怎麼辦，」略留點「公道對待」的意味。我們於是達到一件似若背理的事，即謂這兩國的居民，愈熱心的拋棄聯合學理，其互相動及的個人選擇所發起的壓力，愈限制造成他們戶口的每一個人。要充分的盤頓多數個體契約（交易）的事，顯然是辦不到的，亦如不能用古老法子，拿現金淸算倫敦或紐約諸多銀行每日的來往帳，故此我們在這兩國中見得有極多的標準化。居住和運輸，衣服和飲食，理財和實業，都趨向於呆板的辦法，指揮權愈入於少數人之手。

這種趨勢已在大不列顛攻擊投機事業。國人買入債票，多少是作爲永久投資事業，這是在所不能免的，只要範圍尚廣，亦不必顧慮。至於實在有發生的投機事業，則更爲難。近來所發行的新債種數極多，前後都是相同的，大抵都是關於把已經或多或少成立的個人營業的牟利責任，卸在公衆的肩上，不然就是諸多新手續，發現於零碎的實業市場上的。有許多「新款」就是這樣用作卸向來担任者之責（有許多這樣的款項，數目很大，不是專門的手術所能解說的），使他們能夠把所得的好處買投資性的債票，這就能解說大不列顛金邊債票（最靠得住的債票）的穩定性。在美國這樣的投機事業結實化，却不這樣顯現。國內市場的購買力已經維持得很好，和創行「無平值」的股票，這是折回最古老式的股票，就是從前水手們帶走航海的，曾阻止在倫敦近來見慣的呆板辦法，七厘特別股票，連合於一個先令的或其他小款的延期股票（前種是無定的），世人稱爲一種和平式的賭博。但是在較遠時期，這樣的發展不能不跟着英國的路數走，這許多路數是大不列顛投機事業的特色。競爭的壓力，有餘力買債票的人的人數之多（其中有許多自然買投資式的債票），和餘下可以買投機債票之款，強逼這部機器常受系統化。自然而在所不免的事，能夠過於逐漸設立債票交易所，慢而鞏固的規定章程，和練成習慣麽？因爲這個手續每日行動帶着如冰河的不受調和，較爲冒險的，較爲自由的元素——正式的投機事業——必然趨向於被人擠出，或變作專門投機家，却失去其中應有投機的理由，卽謂開辦新實業，或改良信用的諸多利便；不然就變作不過操縱機會，這許多機會却是不甚在行的投資家或將來的投機家所給的，凡是不甚靠得住的證劵，都可以卸在他們身上；這件事自身，却是要立刻受反動的，其實就是因爲這樣，故此結構良好的債票交易所常要設法取締。倫敦的債票交易所，正在要重新實行諸多章程之關於新發行所用的字句。

每一次發行灌滿任何一個債票投機的大市場的新債票，都趨向於容量愈少，也有較少的永久效果。以大不列顛而論，一七二〇年的早年的瘋狂，發生從前所未有過的事變。第二次就是鐵路的瘋狂，有諸多永久效果及於本國的運輸辦法。其發生早年合資式的借債公司的——銀行和同類的字號——有大部分爲後來的發展所遮掩，後來相繼在舊金山，澳大利亞（亦稱新金山），最後是在南非洲開金礦，都未達到較早時期的諸多舉動的規模或聲望，後來就是種植和實業股票發展。款項雖大，却絕未達到與在理財世界內的諸多新因子那麽重要。債款數目極其增加，分配於新階級的人民。這種手續在美國却很不顯著，可以在起首的幾個程站觀察之。從前擾亂（如風動樹葉）鐵路債票市價和其他債票市價的恐慌，和有特色的戰斧的「戰爭」既已消滅，繼起的是一種較爲像樣較爲穩定的面目。大人物不是消滅了，就是退隱於較爲安穩的地方，有一部分是由於管理中央存備金的人員力量增加，有一部分是由於歸併和混合的趨勢，在倫敦却不甚顯露，在紐約却是很有標記的，足以奪去紐約的幾乎揮拳用武的空氣，往前這樣的光景原是紐約的特色。當下，大幫的新發行，愈趨於辦理生活的諸多便利，過於生活的必需。

但是毋論何時一種新潛力都可以施於諸多債票市場的既在冷淡情形。理財與實業分離居多是利於穩定信用。但是這樣一來，已把債票交易所作爲普通實業和社會情狀的風雨表的性質奪去了，例如當市面蕭條或罷工，致令一、宗實業不能動作，這件事的效果，就不如從前那樣直接啦。諸多債票交易所的情狀，就易於只表示極其普通和國際的諸多情形，且難得普通低壓的一個時期，有如從前所有過的，那時候區域的界限是在本國的，且一兩宗實在的不幸都是最要緊的。但是我們要記得，信用原是一個極其靈醒的系統，最後是依賴於居民的普通允許，尤其是依賴於任何一國的納稅人。只要諸多普通條件不是過於壓制，諸事都進行順利，但是如在大不列顛這樣國中的借款行號的可以證明是實在而今方且接續的興旺的效果，很要謹愼的監察，這時候大不列顛的諸多根本實業，正在經過危機，很少恢復的希望。有太多的出產家與投機投資家的天淵之別，是很顯現的，不必作者著重啦。這些投機投資家們，毋論什麼時候，都能把債券放在衣袋裏，毋論其他證券啦，這些證券有計鎊的計圓的，有計意國幣的，有計瑞典，丹馬，挪威國幣的，有計馬克的，有計佛朗的，帶在身上就可以各處走，總找得着可以賣出這樣證券的市場。只要投機的投資家能夠證明他能鼓勵試辦或供給資本，不媿爲一個投資家，他的地位是穩的。但是現在個人的執股票家日見其難以證明他是應該存在的。在他名下積蓄的存款。往往不是他自己創造出來的。他往往亂花這種錢，而且願意這樣花，我們不願意這種人有他現在所有的，除非他受過多少教練，又當別論，不過是從他的其他諸多事業偶然得來的普通閱歷。但是現在有許多大款子都是買了各種證券取息，都是保管人，銀行家，律師，或經紀，用保管人或顧問名義代辦的。同時，其不過是浮動部分的正經投機事業，是領教一宗整個不調整又是不能調整的或多或少直接而有根據的秘訣，作買賣，這種秘訣有時是得自關於各公司的前程的眞正秘密消息，有理由曉得這等消息的人，就傳給朋友親戚，或特別優待的主顧，也有得自報紙的市價批評的（現在是很平均的批評，然而還是空泛普通的報紙批評），最下就是得自很不好和存私見的誤人的消息，在大不列顛却禁止交易所的會員們登告白，誤人的消息，却受多少限制。其實一個通常的執股票人能夠作什麽的？況且當公司開年會或開他種會議的時候，是不鼓勵詰問的，最大的市場，政府債票的市場，只能受極其繞灣子的政治動作攻擊。普通的有錢人無法能發動最專門化的機器，使其勢力可以及於有限公司或其他公司的動作。在英國所發生的最好的團體動作，就是「執外國債票者委員會」，或有時發力舉出的諸多委員會，處理一個個體事業的歷史內的特別方面。除了這幾樣辦法之外，還能夠作什麼？賣出麼？自然是賣出，不過這是拋棄節制權，不是施行節制權。所以大多數的近代執持股票的羣衆，不復能夠要求他們自己的一個實在該處的地位，作爲一種非人公庭，毋論任何營業，都要在這個公庭面前證明是應該辦的。同這個特色有相關的就是在多數的董事會中，有可以注意的退化，有些是人數太多，沒得什麼用處，有些是花錢太多，出乎情理之外，都要聽命於總經理。因爲近代營業的藝術的繁亂，不能不這樣。所以這種情景的名實不相副之處，給以更有力更有效的對於個人坐擁厚資的批評，過於任何羣衆共管（聯合）的學理所能辦到的。暫時還不要緊，一直等到發生一大部分的直接出產家（北美已起首發起），耕種家，他們正在證明最不相信有錢的一部分，起首同他們的權力挑戰。只要理財的習慣，仍然是易於就範的，仍然是甘受批評，能吸新見解的，還可以不必畏懼最後產生的效果。當諸國從他們的國內的精力的第一衝動，入於一種中年時代，最爲難的就是全數他們的建設都變作堅硬，無人替代從前的諸多領袖。倫敦就是這個情形，最怕的是批評，看諸多重大的政府債票，以爲是實在和耐久的物體，巴黎的面目却有較少的這樣標記，較爲被幣制的諸多問題所遮掩。這種情形似乎不能不啓發當戰時和戰後所發生的極大的公債，前定爲永遠不還的，姑毋論任何其他諸多退化的潛力，將變作不時髦。等到明白這一層的時候——後起的一代的人，既不知，也不管，一九一四年至一九一八年的恐懼和希望，他們的新見解，是不能久不發現的——那時候必要想法子對付英國的五厘公債。軍事借款，和相與平行的，法國債款，這種債款尤爲要緊。在一八九十餘年間，歸併公債的利率，是逐漸任意減輕的。

當我們這個時代，相繼的嘗試整理，逆這個問題的邊幾乎還未走到啦，法國的情形也並不見較好。美國人也不必高興，以爲中央的和各省的債劵，將能永遠維持現在的市價和優勝地位。

故此我這本歷史的結論，並非是回顧已經達到一宗最後的結局，其實不過是走到一個新時代的門檻，就立住脚啦。四面八方的國家的政治的和經濟的障礙，正在都被打倒啦，都被蹂躪啦。諸多個體國，沉在國債之下，或大聲疾呼的要他們自己所不能募集的資本，必要放寬眼界，要表示他們能夠有新屬性，他們若要維持財政信用的話，必要這樣辦。投機習慣，若用得得當和有節制，原是很有用的，却有一條件，要能夠創造一個有睿智和有創造本事的團體以指揮投機習慣，他們又要能夠適合的交給下級勞工們運用，這種習慣諸文明國的存在，無日不依賴於諸勞工階級的同意和合作。

債票投機史

中華民國二十年七月出版

著者 摩特藍

譯者 伍光建

出版者 曾獻聲

發行所 神州國光社 上海河南路第六十號 電話一二三九八號

印刷所 神州國光社 上海新閘路福康路 電話三一〇九〇號

分售處 各省神州國光社 各大書局

實價一元